교과서에 나오는 위인들

위인전 편찬위원회 편

4학년

교과서에 나오는
위인들

위인전 편찬위원회 편

4학년

자유토론

머리말

　어린이 여러분이 읽어야 하는 책은 분야 별로 참으로 많습니다. 동화, 동시, 과학, 역사에 관한 책 등…….
　동화와 동시를 통해서는 무한한 상상력과 창의력을 키울 수 있고, 과학책이나 역사책에서는 비판력과 논리적인 사고력을 키울 수 있습니다.
　위인전도 마찬가지지요. 어린이 여러분은 위인전을 읽으면서 위인들의 어린 시절을 통해 자신을 비교해 보게 되고, 남다른 지혜와 용기를 배우게 되지요. 또한 착하고 슬기롭고, 의로운 마음으로 용기있게 어려움을 헤쳐나가는 지혜를 배우기도 하구요.
　위인은 어린이 여러분의 친구입니다. 역사에 길이 남는 위인이라고 해서 여러분과 다른 종류의 사람이 아닙니다.
　그들도 어린 시절에는 말썽을 피워 부모님께 혼나기도 했고, 잘못을 저질러 참회의 눈물을 흘리기도 했습니다.
　요즘처럼 할 것도 많고 배울 것도 많은 어린이 여러분이 그 많은 위인전을 다 읽을 수는 없습니다.
　교과서에 나오는 위인들만을 가려 뽑아 간략하게 소개해 놓은 이 책 한 권으로 여러분은 교과서 속 위인들을 모두 만나게 될 것입니다.

교과서에 나오는 위인들 ········· **4학년**

슬기로운 선덕 여왕 13

발명왕 에디슨 18

장애를 극복한 헬렌 켈러 22

동양의 군자 율곡 이이 26

생각은 고고하게 생활은 평범하게 양주동 31

살수대첩의 영웅 을지문덕 36

나라와 운명을 함께 한 계백 44

태조 이성계의 정신적 지주 무학 대사 50

일본을 신랄하게 꾸짖은 월남 이상재 55

위대한 임금 세종 대왕 60

황금 보기를 돌같이 하라! 최영 68

삼국을 통일한 문무왕 74

재치와 익살이 넘치는 오성 대감 **이항복** 78

삼국통일의 터전을 닦은 **태종 무열왕** 83

선비의 절개를 지킨 **정인보** 87

태평 시대를 이룬 **성종** 92

'한국 환상곡'의 작곡가 **안익태** 98

민족을 위해 몸바친 삶 남강 **이승훈** 103

올곧은 암행어사 **박문수** 108

일본 문화의 시조 왕인 **박사** 112

조선의 기틀을 닦은 태종 **이방원** 117

법륭사 금당 벽화를 그린 **담징** 121

한산대첩의 영웅 **이순신** 125

귀주대첩 **강감찬** 132

교과서에 나오는 위인들·········· 4학년

삼국통일을 위하여 김유신 139

고려를 세운 왕건 145

소나무 같은 기백 이황 150

삼국통일의 기틀을 마련한 진흥왕 155

조선을 세운 이성계 159

일대 개혁 정치를 단행한 흥선 대원군 164

청해진의 왕자 장보고 169

네 말도 옳구나! 황희 176

위대한 어머니의 표상 신사임당 181

독립 운동에 앞장 선 유관순 187

우리 것을 되살려낸 필치 김홍도 194

행주대첩의 명장 권율 200

임금에 대한 절개 김인후 205

위정척사 운동 기정진 209

관산성 전투 성왕 214

천민 신분을 뛰어넘은 과학자 장영실 219

조국을 위한 혈거 윤봉길 223

어린이를 사랑한 윤석중 228

시대를 앞선 풍속 화가 신윤복 232

진주 혈전 김천일 236

〈어부사시사〉를 지은 윤선도 240

밝은 임금 - 어두운 아버지 영조 246

백제의 마지막 임금 의자왕 251

시조의 대가 정철 256

거짓을 싫어한 화가 이중섭 262

어린이 사랑 마해송 268

교과서에 나오는
위인들

슬기로운 선덕 여왕

진평왕에게는 아름다운 덕만 공주가 있었습니다. 진평왕은 덕만 공주를 끔찍이 사랑했지요.
어느 날, 당나라 사신 유소문이 신라를 방문했을 때의 일입니다.
유소문은 당나라 임금 고조가 보낸 많은 선물을 진평왕 앞에 차례로 늘어 놓았습니다. 수백 필의 비단이며 병풍이며 좀처럼 볼 수 없는 진귀한 물건들이었습니다.
선물을 하나하나 감상하던 진평왕은 병풍을 펼쳐 보고는 감탄해 마지 않았습니다.
"호오, 아름답기도 하여라! 병풍 속의 꽃이 마치 살아 있는 듯 하구나. 공주야, 이 꽃이 아름답지 않느냐?"
진평왕은 옆에 있는 공주에게 물었습니다.
"그림 솜씨는 몹시 훌륭하나 꽃은 좋아 보이지 않습니다."
공주는 당돌하게 대답했습니다.
"무엇이, 저 꽃이 아름답지 않다고?"

"보아하니 저 꽃에는 향기가 없사옵니다."
"아니, 그게 무슨 엉뚱한 소리냐? 그림에서 어떻게 향기가 난다고……."

진평왕은 어이가 없다는 듯 말했습니다.

"아름다운 꽃이라면 벌과 나비가 찾아들어야 하는데, 저 꽃에는 벌과 나비가 없습니다."

공주의 말에 진평왕은 그제서야 무릎을 치며 고개를 끄덕였습니다.

"공주의 총명함은 과히 한 나라를 다스릴 만하구나."

진평왕에게는 아들이 없어서 일찍부터 공주를 후계자로 생각하고 있었습니다. 그러나 덕만 공주는 왕이 되는 것보다 한 남자의 아내가 되고 싶었습니다.

마침 영두랑이란 화랑이 공주를 사모하고 있었습니다. 공주 또한 영두랑을 싫어하는 눈치는 아니었습니다.

그러나 진평왕의 결심은 변함이 없었습니다. 틈만 나면 공주를 불러 임금의 여러 도리를 가르쳤습니다.

공주는 사랑을 택해야 할지 임금님의 뜻을 택해야 할지 몹시 망설였습니다.

몇 달을 고민하던 끝에 결국 공주는 왕의 길을 걷기로 했습니다.

"내 한몸 희생하여 삼국통일의 기틀을 마련한다면 아무 것도 문제 될 게 없다."

굳게 결심한 공주의 눈에서는 눈물이 흐르고 있었습니다.

진평왕은 나이가 들어 나날이 기력이 쇠약해지고 있었습니다. 그러더니 632년, 덕만 공주에게 신라의 운명을 맡기고는

마침내 숨을 거두었습니다.

　이렇게 하여 덕만 공주는 드디어 신라의 스물일곱 번째 임금이 되었습니다. 덕만 공주가 바로 우리 나라 최초의 여왕인 선덕 여왕입니다.

　왕의 자리에 오른 선덕 여왕은 백성들을 만나기 위해 고을 곳곳을 돌아다녔습니다. 이렇게 여러 고을을 돌고 난 여왕은 한 가지 크게 느낀 점이 있었습니다.

　"농사야말로 만 가지 일의 으뜸이로구나."

　그리하여 여왕은 몸소 신궁에 나가 제사를 지냈습니다. 또, 백성들의 처지를 동정하여 가뭄이나 흉년이 든 해에는 세금을 면제해 주었습니다. 또한 첨성대를 지어 기상을 관측하도록 하였습니다. 백성들의 농사일에 도움을 주기 위해서였습니다. 이 첨성대는 동양에서 가장 오래된 기상 관측소로 국보 105호로 지정되어 있습니다.

　선덕 여왕은 나라 안의 일뿐만 아니라 나라 밖의 일에도 힘을 쏟았습니다. 당나라에 사신을 보내어 친교를 도모했고 유학생들을 보내어 새로운 문물을 배워오게 했습니다.

　나라를 부강하게 하고 백성을 편안히 할 수 있다면 선덕 여왕은 무슨 일이든 하고 싶었습니다. 그리하여 여왕은 지혜가 높기로 소문난 자장율사를 찾아갔습니다.

　"나라가 복되고 외적의 침입을 물리치기 위해서는 온 백성들이 부처님을 받들어야 합니다."

　선덕 여왕은 고개를 끄덕였습니다. 그리하여 자장율사의 말대로 황룡사에 9층 탑을 세우고 불교 전파에 앞장 섰습니다.

　선덕 여왕은 뛰어난 예지 능력으로도 유명합니다.

여왕의 자리에 오른 지 5년째로 접어든 636년 초겨울 일이었습니다.

왕궁 서쪽에는 옥문지라는 연못이 있었는데 뜻밖에 때 아닌 개구리들이 모여들어 귀청이 떨어질 정도로 크게 울어대는 것이었습니다. 여름도 아닌 겨울인지라 몹시 이상한 일이 아닐 수 없었습니다.

여왕은 이 일을 예사롭게 여기지 않았습니다. 그래서 신하를 시켜 옥문지를 자세히 둘러보게 하였습니다.

"그래, 나가 보니 어떻소?"

"개구리들은 울어댈 뿐만 아니라 서로 어울려 싸우기까지 하였사옵니다."

여왕은 고개를 끄덕이며 다시 물었습니다.

"그렇다면 옥문지의 얼음은 어떠하였소?"

"녹지 않고 흰 빛 그대로이옵니다."

"내 추측이 맞았구료. 두 장군은 날쌘 병사 2천을 거느리고 서쪽의 여근곡으로 가보시오. 백제의 군사들이 그 곳에 진을 치고 있을 것이오."

알탄과 필탄이란 장수는 여왕의 명에 따라 서쪽을 향해 급히 달려갔습니다. 여근곡에는 과연 백제의 군사들이 숨어 있었습니다.

백제의 병사들은 갑작스레 몰려온 신라군을 보고 크게 당황하였습니다.

반면 선덕 여왕의 놀라운 지혜에 힘입은 신라군의 기세는 하늘 높은 줄 몰랐습니다. 이리하여 신라의 군사들은 백제군을 손쉽게 물리쳤습니다.

알탄과 필탄은 승리의 소식을 여왕에게 전하고는 어떻게 백제군이 여근곡에 몰려와 있음을 미리 알았느냐고 물었습니다.

"개구리는 항상 눈을 크게 뜨고 있으니 그것은 병사의 기상이고, 옥문이란 곧 여근곡을 얘기하오. 또 흰 빛은 서쪽을 가리키니, 백제의 병사가 서쪽 여근곡에 있다는 말이 분명하지 않소?"

두 장수는 여왕의 지혜로움에 감탄을 금할 수 없었습니다.

뿐만 아니라 선덕 여왕은 자신의 죽음을 예언하기도 했습니다. 자신이 즉위한 지 15년이 되는 해에 세상을 떠날 것이라고 예언했던 것입니다. 647년 왕위에 오른 지 15년 되던 해에 선덕 여왕은 마침내 세상을 떠나고 말았습니다.

나라를 사랑하던 선덕 여왕은 백성을 사랑으로 돌보았고, 역사에 길이 남을 문화재를 많이 남겼습니다. 또한 여왕의 앞을 내다보는 슬기는 두고두고 신비한 이야깃거리로 남을 것입니다.

발명왕 에디슨

발명의 천재 토머스 엘바 에디슨은 1847년 제제소를 경영하던 새뮤얼의 셋째 아들로 오하이오 주 밀란에서 태어났습니다. 일곱 살 때 에디슨은 미시건 주 포트 휴런으로 이사가 초등 학교에 들어갔으나, 정규 교육은 석 달밖에 받지 못하였습니다. 학교 선생님들은 에디슨을 지능이 무척 떨어지는 아이로 보았기 때문입니다. 그래서 에디슨의 교육은 주로 어머니가 담당하였습니다.

집안 사정이 어려웠던 에디슨은 12세 때, 화물차에서 신문 팔이나 과자 팔이를 하였습니다. 이 무렵 에디슨은 차츰 발명에 관심을 갖고 여러 가지 실험에 몰두하였습니다. 시간을 아끼기 위해 에디슨은 실험실을 화물차에 옮겨 실험에 열중하였습니다.

그러던 어느 날 실험실의 화학약품이 쏟아지는 바람에 기차에 화재가 발생하고 말았습니다. 다행히 화재는 곧 진압이 되었지만, 에디슨은 차장에게 호되게 매질을 당하여 그만 청각 장애자가 되었답니다. 그 뒤부터 에디슨은 외딴 곳에서 외롭게 연구에 몰두하였습니다.

에디슨의 최초의 발명품은 21세 때에 만든 '전기식 투표 기록기'였습니다. 마음 한구석에 에디슨은 자신의 발명품이 인기있는 상품이 되기를 바랐습니다. 하지만 기대와는 달리 그의 발명품은 외면당하고 말았습니다.

가난했던 탓에 돈이 될 수 있는 발명품을 만들고 싶어했던 에디슨은 다시 '주식 상장 표시기'를 발명하였습니다.

"이 표시기는 꽤나 독특할 뿐더러 유용하기조차 하구만. 4천 달러에 넘기게나."

"예? 4천 달러라구요?"

에디슨은 놀라지 않을 수 없었습니다. 4천 달러라면 당시로서는 상당한 액수였습니다. 뒤를 이은 발명품들도 시장에서 인기 상품이 되는 바람에 에디슨은 단번에 재산가가 되었고, 그의 명성 또한 미국 전역에 퍼졌습니다.

한편 1879년 에디슨은 '백열등'을 개발하여 조명 문화의 신기원을 이뤘습니다.

물론 에디슨이 세계에서 가장 먼저 조명등을 개발했던 것은 아닙니다. 3년 전에 파리에서는 거리를 비추는 야크등이 실용화 된 바 있었습니다.

하지만, 일반 가정에서도 사용할 수 있는 백열등의 발명은 에디슨에 의해 처음 이루어진 것입니다. 이렇게 되자 돈 많은 사람들은 '중앙 발전소'를 세웠고, 에디슨은 그에 발맞춰 '에디슨 전등 회사'를 설립하였습니다. 이리하여 미국의 가정에서는 백열등을 이용하여 어두운 밤을 밝힐 수 있게 되었습니다.

백열등의 발명은 여러 부대 산업의 발전을 가져왔습니다. 가정에 전기를 배급하기 위해 '배전 회사'가 새로이 설립되었습니다.

또한 이 배전 회사는 이후 미국 중공업 발전의 토대가 되었습니다. 따라서 에디슨이 발명한 백열등은 미국 산업에 획기적인 영향을 미쳤다고 해도 과언은 아닐 것입니다.

이 밖에도 에디슨의 발명품은 셀 수 없이 많습니다. 가장 독창적인 발명품 중의 하나는 1877년에 만든 '축음기'일 것입니다. 또한 그는 '영화 촬영기'와 '영사기'도 발명하였습니다. 에디슨이 세상을 떠날 때 그의 이름으로 특허청에 등록된 발명품의 가지 수가 1천 건 이상이라니, 참으로 놀라운 숫자가 아닐 수 없습니다.

그가 그토록 많은 발명품을 만들어 낸 데에는 그만한 토대가 마련되어 있었습니다. 에디슨은 1869년 '주식 상장 표시기'의 발명에서 얻은 돈으로 뉴저지 주의 뉴요크에 재빨리 발명 공장을 차렸던 것입니다.

이 때부터 그의 발명 사업은 눈부신 번창을 거듭하였습니다. 7년 뒤에는 연구소를 늘려 자신을 도울 수 있는 유능한 조수들을 채용하였습니다. 그 결과 발명 및 연구 체계를 완벽히 갖출 수 있었던 것입니다.

그러나 에디슨은 단순한 발명장이가 아니었습니다. 그는 발명에서 벌어들인 돈으로 몇 개의 제조회사와 상사의 설립에 투자하였던 것입니다. 오늘날 세계 최고의 회사라고 일컬어지

고 있는 GE(제너럴 일렉트릭)의 모체는 에디슨이 세운 회사였습니다.

　에디슨은 젊은 날의 성공으로 경제적인 어려움을 모르고 살았지만, 그렇다고 그가 편안한 삶을 살았던 것만은 아닙니다. 그는 심한 난청(소리를 잘 듣지 못하는 병)으로 일생 동안 고통스러운 나날을 보내야 했습니다. 에디슨은 자신의 장애를 극복하고자 엄청나게 노력하는 사람이 되었습니다.

　'천재란 99퍼센트가 땀이며, 1퍼센트만이 영감이다.'

　이는 에디슨이 일생 동안 좌우명으로 삼았던 말입니다.

　에디슨은 인류사에서 가장 많은 발명품을 만들어 낸 천재적인 발명가였습니다.

　그는 두 번 결혼해서(첫 아내는 젊어서 사망) 세 아이를 거느린 아버지였습니다. 에디슨이 세상을 떠난 것은 1931년 웨스트 오렌지에서였습니다.

장애를 극복한 헬렌 켈러

헬렌 켈러는 1880년 6월 27일, 미국의 앨라배마 주에서 태어났습니다. 두 살도 채 안 되서 그녀는 성홍열을 앓아 귀머거리에 맹인이 되고 말았습니다. 그녀의 부모 아더 켈러와 케이트 켈러는 그녀와 의사 소통할 방법이 없었습니다.

헬렌은 물건을 손으로 더듬거나 코로 냄새를 맡아서 알아내곤 했습니다. 그렇지만 고집불통인 그녀는 점점 성격이 거칠어져서 제 마음에 들지 않으면 바닥에 뒹굴며 마구 울어댔습니다. 그녀는 버릇없고 제멋대로인 망나니가 되어 갔습니다.

그녀의 아저씨는 어머니에게 말했습니다.

"헬렌을 어떤 기관에든 맡겨야 되겠어요. 저 애는 정신적으로 문제가 있는 것이 분명합니다. 헬렌이 저런 모습으로 돌아다니는 것을 보면 기분이 언짢아집니다."

그러나 그녀의 부모는 수상쩍은 방법으로 치료하는 학교에 딸을 맡길 생각이 추호도 없었습니다. 대신 그들의 친구인 알

렉산더 그레이엄 벨의 충고를 받아들여, 보스턴의 유명한 맹아 학교 퍼킨스 스쿨에 편지를 보내 교사를 한 사람 보내 달라고 부탁했습니다.

1887년 3월, 21세가 된 앤 설리번이 알라바마 투스컴비아에 있는 헬렌의 집에 도착했습니다.

설리번 역시 반맹인 고아로 시설이 형편없는 고아원에서 비참한 어린 시절을 보냈습니다. 열네 살 때 혼자서 퍼킨스 스쿨에 온 그녀는 문맹에다, 처음 만났을 때의 헬렌처럼 다루기 힘든 아이였습니다.

그 곳에서 교육을 받기 시작한 설리번은 시력을 회복하기 위해 몇 차례 수술을 받았습니다. 세상을 다시 보게 된 설리번은 일생 동안 자기와 같은 처지의 사람을 돕기로 결심하게 되었던 것입니다.

헬렌에게서 자신의 모습을 떠올린 설리번은 헬렌을 가르치기 위해 엄청난 노력을 하면서 어린 헬렌의 영혼을 다치게 하지 않으리라 굳게 결심했습니다.

그러던 4월 어느 날, 설리번이 그녀를 수도 펌프로 데리고 가서 쏟아지는 물을 손에 흘려 보내 주었습니다. 그녀의 다른 쪽 손에 '물'이라는 글자를 써 주자 마침내 헬렌이 반응을 보이기 시작했습니다. 이 때 헬렌은 커다란 깨달음을 얻었습니다. 후일 그녀는 그 때 일을 이렇게 말했습니다.

"갑자기 나는 뭔가 잊고 있었던 것을 어렴풋이 느끼게 되었다. 그리고 어찌 된 일인지 말의 신비에 눈 뜨게 되었다."

그녀는 '물'이라는 글자를 서너 차례 쓰더니, 물건들을 만지며 그것들의 이름을 알고자 하는 의욕을 보였습니다. 8월

말경에는 헬렌은 무려 625개의 단어를 완전히 익혔습니다.

그녀는 이어서 점자책을 읽기 시작했습니다. 또한 얇은 자를 사용하여 손을 일직선으로 움직이며 글씨를 쓰다가, 나중에는 타자기를 사용하게 되었습니다.

설리번은 헬렌이 그녀의 가족들과 대화할 수 있도록 손으로 쓰는 알파벳을 가르쳐 주기도 했습니다.

1889년 시력이 나빠진 설리번이 가정 교사 일을 그만두려고 했지만 헬렌이 혼자서도 생활할 수 있게 되기를 바라는 마음에서 헬렌의 곁에 머물기로 마음먹었습니다.

헬렌은 점점 설리번에게 애착을 느꼈고 설리번 역시 마찬가지였습니다. 그 뒤 헬렌 켈러가 뉴욕의 호레이스 만 스쿨에 들어가자 설리번도 함께 갔습니다. 헬렌은 그 곳에서 발성 교육을 받았고, 라이트 휴머슨 농아 학교에 입학해서도 발성법을 배웠습니다.

1899년, 헬렌은 하버드 대학교 여자부 래드클리프 대학의 입학 시험에 합격하여 미국 최고의 교육을 받았습니다. 이 때 설리번은 그녀 옆에 앉아 강의 내용을 그녀의 손바닥에 써주었습니다. 마침내 1904년 헬렌은 우등상을 받고 졸업했습니다. 헬렌이 학위를 받을 때, 그녀의 요청으로 설리번도 그녀와 함께 연단에 올라갔습니다.

헬렌이 대학을 졸업한 뒤, 헬렌과 설리번은 매사추세츠 주 렌덤에서 살았습니다. 1년 후 설리번은 작가 존 메이시와 결혼했는데, 그는 헬렌의 첫 베스트셀러 〈내 삶의 이야기〉를 편집한 사람이었습니다. 헬렌은 계속 글을 썼고, 설리번과 함께 강연 여행을 다녔습니다. 그녀는 강연중에 장애인들의 문제에

대해 이야기했으며, 맹인들의 문제 해결에 특별한 관심을 나타냈습니다.

1914년에 폴리 톰슨이라는 사람이 헬렌과 설리번의 조수 겸 비서로 들어와 함께 살게 되었습니다. 그녀는 그 후 헬렌과 45년 간 같이 살았습니다.

저술과 강연 외에도 헬렌은 자신의 삶을 다룬 영화에 출연하기도 했고, 맹인들을 위해 말하는 책과 맹인 연금을 합법화하려고 노력했습니다.

헬렌의 노력으로 시각 장애인들이 더 좋은 치료와 훈련을 받게 되었으며 보다 나은 일자리를 가질 수 있게 되었습니다.

뒷날 헬렌 켈러가 세상에 이름을 날리게 된 것은 그녀의 뒤에 훌륭한 설리번 선생님이 있었기 때문이었습니다. 헬렌은 앤 설리번에 대해 이렇게 썼습니다.

'내가 보는 모든 아름다운 사물 안에서 내가 선천적으로 타고난 것이 어느 정도이고, 선생님의 영향은 어느 정도인지 난 전혀 모른다. 설리번 선생님이 없었다면 나라는 인간은 있을 수가 없었다. 내 모든 기쁨은 선생님의 사랑으로 깨우쳤다.'

동양의 군자 율곡 이이

율곡 이이는 1536년 12월 26일 새벽에 강원도 강릉 외가에서 태어났습니다.

그가 태어난 집은 오죽헌이라고 불립니다. 어머니 신사임당은 율곡을 낳기 전날 밤 꿈에 검은 용이 큰 바위에서 침실로 들어와 서리고 있는 것을 보았다고 합니다. 그래서 율곡의 어릴 적 이름은 현룡이었습니다.

율곡은 어렸을 때 말을 배우면서 글을 읽었다고 합니다. 일곱 살 되던 해부터 어머니에게 글을 배우기 시작한 율곡은 마침내 글의 이치가 트이고 여러 가지 어려운 경서에 통하게 되었습니다.

열한 살 되던 해에 아버지가 병환으로 위독해지자 자신의 피를 아버지의 입에 넣어 드리고 선조 사당에 들어가 울면서 아버지 대신 자기가 앓기를 빌었습니다. 지성이면 감천이란 옛말이 있듯이, 그 후로 아버지의 병환은 차차 나아졌다고 합니다.

율곡은 열세 살까지 어머니 슬하에서 〈사서 삼경〉을 배워 통달하게 되었습니다. 이리하여 진사가 된 율곡의 문장은 날이 갈수록 높아 갔고 그 명성은 사방에 자자하였습니다. 그러나 그는 명성에 연연하지 않고 오로지 학문에만 온 노력을 기울였습니다.

스물한 살 되던 해 봄, 율곡은 나라의 살림살이를 잘 할 수 있는 의견을 물어보는 국가 시험에서 장원으로 급제하였습니다. 스물아홉 살 때에는 최고의 과거인 문과에서 장원급제하여 호조 좌랑에 임명되었습니다. 이 때부터 율곡은 임금을 섬기고 나라와 백성을 다스리는 정치에 관여하게 되었습니다.

선조 원년 5월, 율곡은 명나라 황제의 생일을 축하하는 사절단에 뽑혀 우리 나라의 명예를 크게 떨쳤으며, 서른네 살 되던 해 5월에는 홍문관 교리가 되었습니다.

그로부터 2년 후 10월, 율곡은 병이 나서 벼슬을 그만두고 해주에 있는 처가로 휴양을 떠났습니다. 선조는 여러 번 그를 불렀으나 그는 매양 사양하고 해주의 석담에 조용한 집을 짓고 제자들과 더불어 학문과 수양에 힘썼습니다.

이 해 6월, 선조는 그를 청주 목사로 명하였습니다. 율곡은 백성들이 자치 활동을 할 수 있는 조직과 규칙을 손수 마련하였는데, 이것이 유명한 '향약'입니다. 율곡의 이러한 정치적 솜씨와 교화는 얼마 되지 않아 큰 성과를 올려 백성들은 열심히 이를 실행, 청주 지방 일대는 아름답고 착한 풍속이 방방곡곡에 퍼졌습니다.

이 무렵, 조정에서는 김효원 중심의 동인과 심의겸 중심의 서인이 당파 싸움을 벌였습니다. 이로부터 수백 년에 걸쳐 이

조의 당파 싸움이 계속된 것입니다.

율곡은 이것이 나라를 망치는 화근이라고 생각하고 그들의 말을 좇지 아니하였습니다. 이렇게 조정의 분위기가 어수선해지자 율곡은 벼슬을 버리고 고향으로 돌아갔습니다.

율곡이 병조 판서로 임명되자, 그는 나라가 힘이 없어 10년도 못 되어 큰 환란을 당할 것이니 서울에 2만, 각 도마다 1만, 합쳐서 10만의 군사를 길러 사변이 있을 때에 이 10만의 군사로 나라를 지키게 하여야 한다고 했습니다. 그러기 위해서는 식량을 충분히 저축하고 국고를 튼튼히 하며 백성의 사기를 높여야 한다고 했습니다.

그의 '10만 양병설' 은 비록 실천되지는 못했으나 그의 뛰어난 선견지명을 말해 주고 있습니다. 그 후로 9년 만에 우리 나라를 온통 불바다로 만든 임진왜란이 터졌기 때문입니다. 율곡이 세상을 떠난 뒤, 임진왜란 당시의 영의정인 유성룡은 "율곡은 참으로 성인이시다." 하며 크게 슬퍼했습니다.

율곡이 마흔일곱 살 되던 해 6월, 그는 벼슬을 내놓고 율곡촌으로 돌아갔습니다. 삼사가 그를 파면시켰던 것입니다.

율곡이 물러간 후 조야는 다같이 격분했고 자못 말썽이 많았습니다. 율곡의 문인인 우계가 제일 먼저 상소하였고, 다음 해에는 성균관 학생 4백여 명이 삼사의 죄상을 임금께 아뢰었습니다. 또 호남과 해서의 유생들도 잇달아 그 잘못을 상소하였습니다. 이리하여 선조는 삼사의 죄상을 결정짓고 각각 먼 곳으로 추방하게 되었습니다.

1548년 율곡의 나이 마흔아홉 살 되던 해 그는 마침내 회복할 수 없는 병으로 눕게 되었습니다.

"율곡 선생의 병환은 쉽게 나으실 것 같지 않다. 아직 마흔 아홉밖에 안 된 연세에 저러시니 나라로 봐서는 큰 불행이다."

이러한 소문이 온 나라 안에 퍼지자 제자들은 물론 그 전에 그를 미워하던 정적들까지도 다같이 슬퍼했습니다.

하루는 송강 정철이 찾아와 문병을 하였습니다.

율곡은 송강의 손을 꼭 붙들고 마지막 부탁을 했습니다.

"사람을 채용하는 데 공평을 기하도록 하시오."

그 이튿날 새벽에 그는 누웠던 자리를 바꿔 달라고 하여 머리를 동쪽에 두고 의관을 바로 잡은 뒤에 편안하게 세상을 떠났습니다.

선조는 율곡의 부음을 듣자 통곡하며 3일 동안 조회를 보지 않았으며 부의금을 후히 하사했습니다.

고관 대작을 지낸 율곡의 집에는 털끝만한 재산도 남은 것이 없었습니다.

다만 기묘한 유산만이 남아 있어 보는 사람들의 눈시울을 뜨겁게 했으니, 그것은 해주에 있을 때 대장간에서 손수 두들겨서 만든 부시였습니다. 부시 쌈지에 동그마니 들어 있는 부시…….

이것만이 율곡이 남긴 재산의 전부였습니다.

그의 영구가 파주 지운산의 선영에 이르는 동안, 그의 생전의 덕을 추모하여 전국에서 모여든 남녀노소들로 산과 들이 하얗게 덮였다고 합니다. 또, 금군(임금의 호위 군사)과 시민들이 든 횃불이 수십 리 밖까지 비치었다고 합니다.

그러나 율곡이 남긴 진정한 재산은 쌈지에 들어 있는 부시

가 아니었습니다. 정치, 사회, 사상 그리고 학문에까지 미친 그의 위대한 업적이야말로 우리 민족에게 남겨 준 진정한 유산이라고 할 수 있을 것입니다.

생각은 고고하게 생활은 평범하게 **양주동**

1947년 가을, 대학의 강의실이었습니다. 국문학 강의가 끝나고 학생들은 강의실을 빠져나가기 시작했습니다.

"다음 시간에 보자구."

양주동 교수는 이렇게 말하고 강의실을 막 빠져 나갈 참이었습니다.

"잠깐만요, 선생님. 이거 귀한 책인데 한번 구경하시죠."

한 학생이 자랑스러운 표정으로 양주동에게 책을 건넸습니다.

양주동은 대뜸 책을 쓰윽 훑어보았습니다.

"난, 또 뭐라고. 이거 〈월인석보〉 아닌가? 별거 아니군."

양주동은 대수롭지 않게 말했습니다. 〈월인석보〉는 부처님의 자비를 노래한 책입니다.

"어디 한번 읽어나 볼까."

양주동은 책을 빠르게 넘기면서 소리 내서 읽었습니다.

책을 건넨 학생은 무안을 당하자 기분이 언짢아졌습니다.

31

"그럼 이리 주세요. 대수롭지 않다면서 왜 자꾸 읽으세요."
"잠깐만 오늘 하루만 이 책을 빌려주게."
양주동은 책을 들고 강의실 밖으로 총총히 사라지는 것이었습니다. 학생은 어이가 없어 한동안 문쪽을 바라보고 있었습니다.

다음 날 국문학 강의실에서의 일입니다.
양주동은 〈월인석보〉를 책 주인에게 돌려주며 말했습니다.
"알고 보니 이 책은 세상에 단 한 권밖에 없는 진본이더구만. 잘 보았네."

그러더니, 목소리를 가다듬고 〈월인석보〉를 처음부터 끝까지 줄줄 외는 것이었습니다. 그 모습에 학생들은 감탄을 금치 못했습니다.

양주동 선생은 이처럼 대단한 기억력을 지녔습니다. 암기뿐만 아니라 총기와 재간이 매우 뛰어나서 주위 사람들을 웃기기도 하고 때로는 울리기도 했습니다.

당시 국문학 분야에서는 선생을 따를 자가 없었습니다. 양주동의 언변은 청산유수와 같았고, 문장이 아름다워 이웃 일본에까지 알려질 정도였습니다.

일제 시대, 우리 나라의 옛 노래들은 일본 학자들에 의해 연구되었습니다. 우리의 옛 노래를 가장 깊이 연구한 학자는 일본의 오구라였습니다.

양주동 선생은 이러한 사정을 안타깝고 부끄럽게 여겼습니다. 그리하여 선생은 옛 노래를 연구하기 시작했습니다. 영문학을 전공한 그로서는 벅찬 작업이었습니다. 더구나 혼자 힘으로 신라의 노래를 연구해야 했던 것입니다.

피나는 연구 끝에 양주동 선생은 일본의 학술지인 〈청구학총〉에 오구라가 우리 나라의 옛 노래에 대한 잘못된 해석을 반박하는 논문을 실었습니다. 이 논박에서 선생의 칼날 같은 비난에 오구라는 쩔쩔매었다고 합니다.

학문적인 논전에서는 선생을 따를 자가 없었습니다. 이름난 학자나 지식인들도 양주동과의 논전은 피하는 게 상책이라고 생각했습니다.

1920년대의 춘원 이광수와의 논전, 40년대의 김태준과의 논전, 60년대의 심악 이숭녕과의 논전이 있었지만 모두 양주동 선생의 승리로 끝이 났습니다. 이러한 논전들은 논전의 역사상 유명한 것들이기도 합니다.

학문에서 최고의 자리에 계시던 선생이었지만, 일상에서는 지극히 소박한 생활을 하셨다고 합니다. 늘 검소하기만 하던 선생은 때때로 '수전노' 또는 '스크루지'라는 소리를 들어야 했습니다.

외모에 신경을 쓰지 않아 이발조차도 거른 선생의 매무새는 주변 사람들의 눈총을 사기도 했습니다.

한 친구는 선생의 이러한 지나친 절약을 비난하기도 했습니다.

"양주동! 넌 네 돈 백 원으로 조국 통일이 된다 해도 안 낼 거지, 그렇지?"

"암, 안 내지. 꼭 된다는 보장이 없는 한 절대 내지 않겠네."

"예끼, 이 사람!"

이것은 선생의 지나친 절약 습관을 풍자한 극단적인 일화입니다.

선생은 늘 '생각은 고고하게 생활은 평범하게'란 말을 입에 담곤 하셨습니다.
어련히 대접해 주련만, 때로 선생은 주례 값을 흥정하기도 하셨습니다. 대 학자답지 않게 원고료 따지는 것도 꼼꼼했으며, 심지어 재탕 삼탕으로 따지기도 하셨다고 합니다. 이러한 일들은 선생이 돈이 없어서도, 남에게 많이 속아서도 아니었습니다.
"자신이 일해 준 만큼 보수를 받는 것은 정당한 행동이지 않나?"
선생의 행동은 이러한 헤아림에서 나온 것들입니다.
선생은 근검 절약하는 생활로도 유명했지만, 애주가로도 유명했습니다. 지병인 당뇨병으로 인해 그토록 즐기던 약주를 줄여야 했지만, 돌아가신 날 아침까지도 맥주를 즐기셨습니다. 또한 말술도 사양하지 않을 정도로 주량이 엄청났고 안주도 가리는 게 없었습니다.
"두부면 어떻고, 고구마면 어떠리! 내 술 상대는 당나라 시인 이태백뿐이로다."
이렇게 말하며 선생은 고래처럼 술을 마셨습니다.
그의 건강을 걱정하던 주위 사람들은 선생에게 술을 끊기를 권했습니다.
"아니 술을 끊으라니, 이 사람아! 날더러 죽으란 말인가?"
"맥주는 특히 당뇨병에 좋지 않습니다."
"무슨 소리. 인슐린(당뇨병의 치료약)은 안 먹어도 맥주는 내 주식이야."
병으로 혼수 상태에 빠졌다 다시 깨어날 때도 선생은 맥주

부터 찾았다고 합니다.

　평소 양주동은 자신을 농담반 진담반으로 '국보'라고 칭하였습니다.

　이 국보란 별명은 일사 후퇴 때에 생긴 것입니다. 엉겁결에 육이오를 서울에서 치른 선생은 이루 말할 수 없는 곤욕을 치르고 겨우 목숨을 부지하셨습니다.

　당시 선생은 당치도 않게 부역에 끌려갔던 것입니다. 지독한 고생을 겪은 선생은 10월 무렵에야 비로소 친구들의 도움으로 부역에서 풀려났습니다.

　그러나 이 때의 고생으로 선생은 장독이란 질병에 시달려야 했습니다. 당시 선생의 모습은 초라하기 그지 없었습니다. 얼굴은 퉁퉁 붓고 다리까지 절었습니다.

　이러한 몰골로 선생은 어느 날 어떤 신문사를 방문하였습니다. 때마침, 베를린의 영웅 손기정 씨가 양주동 선생을 보게 된 것입니다.

　"이거, 양주동 선생 아니십니까? 그런데, 얼굴이 몹시 야위셨군요."

　"그렇구료. 국보 대접이 이래서야 원."

　선생은 쓸쓸히 웃으셨습니다.

　학문의 경지에서는 고고한 대 학자로서, 생활에서는 절약가로 사셨던 선생은 지병인 당뇨병의 악화로 세상을 떠나셨습니다.

살수대첩의 영웅 을지문덕

살수대첩의 영웅인 을지문덕은 무예와 문장을 고루 갖춘 침착하고 슬기로운 장군이었습니다.

그 당시 중국의 수나라는 고구려의 영토를 빼앗기 위해 끊임없이 염탐꾼을 보내고 있었습니다. 또 남쪽의 신라도 호시탐탐 고구려의 땅을 넘보고 있었습니다.

영양왕 23년인 612년, 드디어 전쟁 준비를 끝낸 수나라 양제는 군사를 일으켜 고구려를 쳐들어왔습니다.

고구려를 향해 출발하던 날, 양제는 천 명도 넘는 장수들을 한자리에 모아두고 공격 명령을 내렸습니다.

"고구려는 보잘 것 없는 나라이면서도 감히 우리 나라의 국경을 침범하고 있다. 이제 짐이 고구려를 벌주고자 하니, 모든 군사들은 나를 따르라! 나는 평양성을 점령하고 영양왕을 산 채로 잡을 것이다."

양제는 미친 사람처럼 날뛰면서 큰소리로 진격 명령을 내렸

습니다.

　당시 수나라 백성들은 양제에 대한 원망의 노래를 지어 불렀습니다. 노래의 내용은 '요동에 가서 헛되이 죽지 말라!' 라는 것이었습니다. 양제가 전쟁을 일으키려고 백성들을 너무 힘들게 하여 백성들뿐만 아니라 장수들 중에서도 양제를 은근히 비웃는 사람들이 많았습니다.

　수나라 군사들은 해일처럼 고구려를 향해 몰려갔습니다. 육군만 해도 1백 13만 3천 8백 명에 달하였으며, 황해를 건너 올 3백 척의 배에는 해군이 7만 명이나 타고 있었습니다. 얼마나 대규모의 공격이었던지, 모든 병사가 출발하는 데에만도 9백 60일이 걸렸고, 병사들이 늘어선 길이만도 1천 리에 이르렀다고 합니다.

　이 소식을 들은 을지문덕은 영양왕에게 수나라 군대가 많더라도 두려워 할 필요가 없다고 했습니다.

　"인도라는 나라에 코끼리란 동물이 있다고 합니다. 동물 중에서 가장 힘이 센 이놈은 사람보다 다섯 배쯤 큰 놈입니다. 어떤 짐승에게도 결코 싸움에서 지지 않으나, 이놈이 가장 무서워하는 적이 있다고 합니다. 그것은 사나운 호랑이나 간교한 여우도 아닌 바로 생쥐입니다."

　을지문덕 장군이 하는 말을 들은 영양왕은 슬며시 얼굴에 미소를 띠었습니다. 그의 말뜻을 짐작했기 때문이었습니다.

　코끼리는 발톱이 없으면 죽고 마는데, 생쥐떼는 코끼리를 보면 놈의 발톱을 모두 갉아 먹어버린다는 겁니다. 그래서 생쥐만 보면 코끼리는 질겁을 하고 달아난다고 합니다.

　영양왕은 위풍당당한 수나라 양제를 코끼리에 비유하여 고

구려는 지혜로운 생쥐가 되어야 한다는 을지문덕의 말에 고개를 끄덕거렸습니다.

"폐하, 수나라 병사들은 오랜 여행으로 사기가 크게 떨어져 있을 것입니다. 그러니 적을 나라 깊숙이 끌어들여서 지치게 한 다음에 치는 것이 좋을 듯 합니다."

서기 612년 2월, 양제가 직접 거느린 육군은 요하의 강변에 도착하였습니다. 적이 쳐들어올 경로를 예측한 을지문덕은 요하 강가, 압록강 강가, 살수 강가에 군사를 배치해 두었습니다.

수나라 군사들은 강 위에 다리를 놓고 벌떼처럼 건너오기 시작하였습니다. 그러나 어찌된 일인지 강 이편에 진을 치고 있던 고구려군은 화살 하나 쏘지 않고 조용히 지켜만 보고 있었습니다.

이에 사기가 오른 적군들은 한꺼번에 밀려들었습니다. 적들이 가까이 왔을 때, 고구려군은 일제히 강가로 달려나가 화살 세례를 퍼부었습니다. 마음 놓고 건너오던 수나라의 군사들은 화살과 창에 맞아 물 속으로 곤두박질쳤습니다.

하지만 수나라군은 얼마 뒤 다시 다리를 놓고 건너오기 시작했습니다. 적군의 수가 너무 많아, 일단 고구려군은 요동성으로 퇴각하였습니다. 고구려군은 성문을 굳게 지키면서 싸움을 질질 끌기 시작했습니다.

4월에서 6월까지 싸움은 계속되었습니다. 그러나 성은 좀처럼 함락되지 않았습니다. 희생자가 날이 갈수록 늘어만 가고 식량도 떨어지자 수나라군은 조바심이 일었습니다.

이 때 수나라 해군은 대동강 어귀에서 고구려 해군이 거짓

도망을 치자, 기고만장해져서 평양성까지 날쌔게 진격하였습니다.

거기서도 고구려군이 다시 줄행랑을 치자, 수나라군은 자신들이 승리한 줄 알았습니다. 그래서 이 집 저 집에 들어가 술과 고기를 훔쳐 먹었습니다.

그 날 밤 그들이 정신 없이 음식을 먹고 잠들었을 때, 고구려의 군사들은 수나라 해군을 기습 공격하였습니다. 무기를 내버려둔 채 잠들어 있던 수나라 해군은 모두 고구려 군사들의 칼에 쓰러지고 말았습니다.

해군이 패배했다는 소식을 들은 양제는 더욱 화가 났습니다. 그래서 양제는 요동성을 포위할 군사들만 남기고 별동 부대 30만을 우중문과 우문술에게 주어 평양으로 진격하라고 명령하였습니다.

우중문과 우문술이 거느린 별동 부대는 압록강에 오는 도중 여러 번 고구려군의 기습을 받아 군사 수가 줄고 사기도 크게 떨어졌습니다. 압록강가에는 이미 고구려군이 진을 치고 있었습니다.

이 때, 을지문덕 장군은 적의 형세가 궁금하였습니다. 한참 동안 골똘히 생각한 끝에 장군은 용감한 결단을 내렸습니다.

'적을 이기려면 먼저 적을 알아야 한다. 내가 적의 진지를 가야겠다. 내 눈으로 직접 적의 동태를 살펴야겠다. 항복하는 것처럼 꾸미고 임금님의 사신처럼 행세하자.'

을지문덕 장군은 홀로 흰 깃발을 단 배를 타고 적의 진지로 들어갔습니다. 적진에 들어간 을지문덕 장군은 한눈에 적의 동태를 살필 수 있었습니다.

피로에 지친 군사들은 거지나 다를 바가 없었습니다. 그리고 식량이 바닥났는지 배를 움켜쥔 군사들 또한 아무 데나 웅크려 졸고 있었습니다.

"너희 대장에게 고구려 을지문덕 장군이 항복하러 왔다고 아뢰어라."

문을 지키고 있던 군사는 너무 놀라 진지 안으로 뛰어들어 갔습니다. 양제로부터 을지문덕 장군을 생포하라고 명령을 받은 우중문은 당황하여 밖으로 나왔습니다.

"항복하신다구요?"

을지문덕 장군은 대답을 하지 않고 웃기만 하였습니다.

"그럼 안으로 들어가시지요."

"아닙니다. 끝내야 할 일이 아직 남아 있어서 다시 돌아가 봐야겠습니다."

이렇게 말한 을지문덕 장군은 잽싸게 배로 뛰어들어 압록강을 건넜습니다. 너무 순식간에 일어난 일이라 수나라 군사들은 을지문덕 장군을 붙잡을 틈이 없었습니다. 뒤늦게 을지문덕 장군에게 속은 것을 안 우중문은 군사를 일으켜 그를 뒤쫓았습니다. 그러나 을지문덕 장군은 유유히 고구려군의 진지로 사라졌습니다.

수나라군의 사정을 파악한 을지문덕 장군은 모든 군사들을 모았습니다.

"내일부터 우리는 수나라 군사들과 싸움을 하는 체하다가 후퇴한다. 계속 싸우는 체하면서 평양성까지 후퇴한다. 그리고 압록강에서 평양성 사이에 살고 있는 모든 백성들은 평양성으로 대피시켜라. 그리고 그들의 양식 또한 모두 가져오도록 하라."

 을지문덕 장군은 빈틈 없이 작전을 지시하였습니다.
 이튿날 수나라군은 압록강을 건너 새까맣게 몰려들었습니다. 작전대로 고구려군은 맞서 싸우는 체하다가 후퇴하기를 거듭했습니다. 을지문덕 장군의 계략을 모르는 우중문은 신이 났습니다.
 "고구려군은 보잘 것 없구나. 어서 가서 평양성을 빼앗고 을지문덕과 영양왕을 사로잡자!"
 평양성까지 진격하면서 우중문은 점차 진격 속도를 빨리 하였습니다. 싸움이 붙었다 하면 고구려군은 후퇴하느라 바빴기 때문이었습니다. 우쭐해진 우중문은 병사들에게 잠시도 쉴 틈을 주지 않고 진격 명령을 내렸습니다. 그러다 보니 군사들은 완전히 지쳐버렸습니다.
 그런데 우중문에게는 한 가지 이상한 점이 있었습니다.
 "이상하군. 수나라 해군이 우리를 반겨주리라 생각했는데……."
 이 날 저녁, 을지문덕 장군은 우중문에게 편지를 보냈습니다. 그 내용은 다음과 같았습니다.
 '귀신과 같은 작전은 천문을 깨우쳤고 신묘한 전술은 지리를 통달했도다. 싸움마다 이겨서 그 공로가 높았으니 족한 줄 알았거든 싸움을 그만두길 바라노라.'
 을지문덕 장군의 편지를 읽은 우중문의 얼굴은 흙빛이 되고 말았습니다. 이 글은 확실히 우중문을 비웃는 말이었습니다. 그제서야 우중문은 자신들이 너무 깊숙이 고구려 영토로 들어와 버렸다는 사실을 깨달았습니다.

이에 우중문은 불리하다는 것을 예감하고 군사들에게 후퇴 명령을 내렸습니다. 30만 대군은 어이없이 후퇴 작전에 들어갔습니다.

적군이 철수한다는 보고를 들은 을지문덕 장군은 다음 작전을 세웠습니다. 고구려군은 후퇴하는 수나라 군사를 공격하여 매번 승리를 거두었습니다.

수나라군은 며칠씩 굶은 데다 도망치느라 발바닥이 부르터서 거의 싸움을 포기한 상태였습니다.

천신만고 끝에 수나라 군대는 살수에 이르렀습니다. 마침 살수강은 군사가 나가기 좋게 강물이 바닥나 있었습니다.

"평소 때 같으면 배를 타고 건너야 할 것을……."

우중문은 이상히 여겼지만, 지금은 그런 것을 따질 때가 아니었습니다.

사실 강바닥이 드러난 것은 고구려군이 강의 상류를 막아버렸기 때문이었습니다. 도망치기 급급한 수나라 군사들은 그런 사실을 알 리가 없었고 또 알고 싶지도 않았습니다.

그런데, 수나라 군사들이 강바닥을 가로질러 강 중간 지점에 이르렀을 때였습니다.

"강물이 내려온다!"

수나라 군사들이 비명과 함께 천지를 뒤흔드는 소리가 났습니다. 상류에서 거대한 해일처럼 강물이 밀려 내려오고 있었습니다.

이 때 고구려 군사들이 사방에서 튀어나와 적을 공격하기 시작하였습니다. 수나라 군사들은 강물에 휩쓸리고 고구려 병사의 칼에 베여 지푸라기처럼 쓰러졌습니다.

살수대첩은 사흘 간 계속되었습니다. 뒤따라오는 수나라 군사들은 앞쪽에서 어떤 일이 벌어지고 있는지 알 도리가 없었습니다. 그들도 고구려군의 날카로운 창과 칼 앞에서 맥없이 나가떨어졌습니다.

대첩 이틀째는 시체로 강이 메워질 지경이었습니다. 사흘 밤낮을 수나라 군사와 싸우던 고구려군도 지칠대로 지쳐 있었습니다.

살수를 건너 무사히 목숨을 건진 수나라 군사의 수는 겨우 10만여 명 정도였습니다. 이로 인해 살수의 붉은 핏물은 한달 동안이나 계속되었다고 합니다.

그 후 거듭된 패배로 양제에 대한 백성들의 원성이 날로 높아가더니 수나라는 이연에게 망하게 되었습니다. 이연이 바로 당나라 초대 임금 고조입니다.

살수대첩에서 빛나는 승리를 거둔 을지문덕 장군은 깃발을 휘날리며 서울로 돌아왔습니다.

그러나 이 위대한 살수대첩의 영웅, 을지문덕 장군이 언제 세상을 떠났는지는 알 길이 없습니다. 난세에 나라를 구하고 훌쩍 사라져 버리고 말았기 때문입니다. 다만 그의 유적만이 청천강 가, 평양성, 평원군에 남아 후세 사람들에게 기억되고 있을 뿐입니다.

나라와 운명을 함께 한 계백

서기 660년 3월, 백제의 마지막 왕인 의자왕 때의 일입니다. 신라는 당나라와 외교관계를 맺어 백제를 먼저 멸망시키고자 하였습니다. 당나라 고조는 대장군 소정방에게 군사 10만을 주어 신라군과 연합하여 백제를 치도록 했습니다. 그래서 신라 무열왕은 당나라 소정방을 만나 백제 사비성을 공격하는 날을 7월 10일로 정하였습니다.

　의자왕은 임금이 되기 전에 총명하고 효성이 지극한 태자였습니다. 사람들은 형제를 사랑하고 효성이 지극한 의자왕을 '해동증자' 라 부르기도 했습니다.

　하지만 왕위에 오른 뒤에 의자왕의 성격은 바뀌었습니다. 신라군을 몇 번 무찌른 후로는 자만에 빠져 나라 일을 돌보지 않고 사치와 향락에만 파묻혀 살았습니다.

　거기다 의자왕은 나라 일을 돌보라고 바른 말을 하는 충신들을 옥에 가두기도 했습니다. 백제는 서서히 망해가고 있었

던 것입니다.

656년에 있었던 일입니다. 사비성 남쪽에 있는 망해정이란 정자에서 의자왕은 궁녀들과 잔치를 즐기고 있었습니다. 그 때 백제의 최고 벼슬인 좌평의 자리에 있던 성충이 임금에게 나아갔습니다.

"상감 마마! 총명하고 용맹하신 예전의 모습으로 돌아가셔서 이제 나라 일을 돌보셔야 할 때이옵니다. 적국 신라의 움직임이 심상치 않사옵니다."

"좌평이 나라를 걱정하고 있다는 것을 과인은 잘 알고 있소. 하지만 과인의 능력을 의심하는 것은 있을 수 없는 일이오! 신라는 망해가는 나라요. 그깟 신라 군대가 우리 나라를 쳐들어 온다면 단번에 박살내고 말 것이오. 그러니 걱정말고 돌아가시오."

임금은 눈쌀을 찌푸리며 말하였습니다. 성충의 눈에서는 눈물이 흘러내리고 있었습니다. 그는 의자왕에게 다시 한 번 간청하였습니다.

"상감 마마! 이렇게 매일 잔치를 즐기실 때가 아니옵니다. 국고는 텅텅 비어 버린 지 오래고, 백성들은 무거운 세금으로 날마다 헐벗고 있습니다. 그리고 신라를 얕보아서는 큰 화를 당하실 것입니다."

"듣기 싫소! 임금이 하는 일을 막는 것은 신하의 도리가 아닌데, 경은 충성을 가장하고 임금의 마음을 오히려 괴롭히고 있소! 귀찮으니 당장 썩 물러가지 못하겠소!"

의자왕은 노여움에 부르르 몸을 떨며 성충을 물리쳤습니다. 주위에서 그 광경을 지켜보고 있던 후궁들은 쓸쓸히 돌아서는 성충의 뒷모습에 시선을 던지며 소리내어 웃었습니다. 성충을 비웃는 것이었습니다.

그 일이 있고 난 후, 의자왕은 성충을 벌 하라는 간신들의 말에 성충을 옥에 가두고 말았습니다. 옥에 갇힌 성충은 날로 몸이 쇠약해져서 음식조차 제대로 먹지 못했습니다. 성충은 더 이상 목숨을 이어가기 어렵다는 것을 알았지만 나라에 대한 걱정으로 그냥 눈을 감을 수가 없었습니다.

어느 날 성충은 손가락을 깨물어 피를 내었습니다. 그리고 그 피로 나라를 걱정하는 자신의 마음을 종이에 써서 의자왕에게 보냈으나 의자왕은 매일같이 향락만을 일삼았습니다.

그 후 성충은 옥중의 괴로움을 견디다 못해 마침내 숨을 거두고 말았습니다. 성충이 죽고 난 후부터 백제에서는 이상한 일들이 연달아 일어났습니다. 2월에는 난데없이 여우들이 궁중으로 몰려왔고, 5월에는 사람보다 더 큰 물고기가 죽어서 백마강 물 위로 떠올랐습니다.

이듬해에는 사비성 우물물이 핏빛으로 변하였고 백마강 물 또한 검붉은 핏빛이 되어 흘렀습니다. 사람들은 그것을 나라에 큰 변고가 있을 징조라 여기며 두려워하였습니다.

어느 날 궁궐에 귀신이 나타나 '백제는 망하리라' 하고 사라지기도 하였습니다. 그 귀신이 사라진 자리의 땅을 파 보니 거북 한 마리가 나왔습니다. 거북의 등에는 '백제는 보름달이요, 신라는 초승달' 이란 글이 씌어 있었습니다. 이 글은 '쓰러져 가는 백제, 일어서는 신라' 라는 뜻이었습니다.

하지만 의자왕은 거북 등에 쓰인 글을 '백제는 흥해가는 나라요, 신라는 망해가는 나라' 라고 믿었습니다.

신라군과 당나라군이 백제 땅을 쳐들어왔다는 소식이 궁궐에 전해졌습니다. 적군의 수가 많다는 것을 안 의자왕은 백제의 서울 사비성이 벌써 적의 손에 들어간 것이나 다름없다고 생각하였습니다. 다급해진 의자왕은 계백 장군에게 적을 막으라고 재촉하였습니다.

"형세가 절박함이 바람 앞의 등불과 같구료! 이 어려운 시기를 막아낼 사람은 장군밖에 없소! 나는 장군을 믿소! 장군이 어떻게 해서든지 적을 막아내주오!"

하지만 계백 장군이 신라와 당나라의 연합군을 막아내기에는 백제 군사의 수가 턱없이 부족하였습니다.

의자왕의 말을 들은 계백 장군은 출동하기에 앞서 집으로 달려가 가족들을 불러놓고 사태의 위급함을 말하였습니다.

"이제까지 나는 싸움에서 진 일이 없었다. 내 군사들이 씩씩했기 때문이다. 지금도 그들은 목숨을 버리고 나라를 위해 죽을 각오가 되어 있지만, 이제 상황은 달라졌다. 우리는 5천 명인데 적군은 5만 명이나 된다. 결코 살기를 바랄 수가 없구나."

어느덧 장군의 눈꼬리에는 눈물이 맺혀 있었습니다. 부인의 눈에서도 눈물 방울이 아롱져 흘러내렸고 아이들은 고개를 숙인 채 눈물을 흘렸습니다.

"나라가 망하면 내 처자식도 적의 노예가 되어 욕보이고 죽음을 당할 것이다. 차라리 내 손에 깨끗이 죽는 게 나을 것이다. 저승에 가서 다시 만나자꾸나!"

계백 장군이 말을 마치자 가족들은 모두 방바닥에 엎드려 머리를 숙였습니다.

방안은 순식간에 피로 물들었습니다. 계백 장군은 가족들의 시신에 피눈물을 뿌리면서 밖으로 나왔습니다.

이렇게 계백 장군은 가족들의 피로 물든 칼을 차고 황산벌로 출진하게 되었습니다. 5천 명의 결사대를 이끌고 나간 계백 장군은 군사들의 사기를 북돋웠습니다.

"너희들은 듣거라! 옛날에 월나라 구천은 5천 명의 군사로 오나라의 70만 대군을 무찔렀다. 너희들도 조국을 위해 용감하게 싸워주기 바란다."

계백 장군이 가족을 모두 죽이고 출진한 사실을 안 군사들은 일제히 함성을 질렀습니다. 군사들의 사기는 하늘을 찌를 듯 높았습니다.

이 때 황산벌 저쪽에서는 신라의 군사들이 북을 울리고 함성을 지르며 백제의 진지를 향해 달려오고 있었습니다. 결사대 5천 명은 칼과 창을 쥐고 적군을 향해 나아갔습니다. 삽시간에 황산벌은 피비린내 나는 전쟁터로 변하였습니다.

그러나 죽음을 각오하고 싸우는 백제군에게 수적으로 우세한 신라군은 번번이 패하여 달아났습니다. 거듭 패한 신라군은 백제군에게 제대로 대항 한 번 하지 못하고 패하기만 한 것입니다.

이 때 화랑 관창은 단신으로 백제군들 속으로 쳐들어갔습니다. 그러다 마침내 관창은 장렬히 전사하고 말았습니다. 계백 장군은 한 번 살려 준 관창이 두 번째 쳐들어오자 목을 베어 죽이고 그의 머리를 말 안장에 매달아 신라군의 진지로 보냈습니다.

이는 계백 장군의 크나큰 실수였습니다. 열다섯 살된 어린

관창의 머리를 본 신라군은 사기를 되찾아 백제군에게 맹공격을 퍼붓기 시작했습니다. 일시에 사기가 충천한 5만 명의 신라군이 공격하자 백제군은 낙엽처럼 쓰러져 갔습니다.
 계백 장군은 가족의 목을 벤 칼을 뽑아 들고 적과 용감히 싸웠지만 죽음을 피할 수가 없었습니다.
 660년 7월 18일, 백제와 운명을 같이 했던 계백 장군은 최후까지 조국을 위해 목숨을 바쳤던 것입니다.

태조 이성계의 정신적 지주 무학 대사

무학 대사는 1327년 합천에서 태어났습니다. '무학'은 세상에 알려진 그의 호이고 이름은 '박자초'였습니다.

부모에 대한 기록은 남아 있지 않으나 아버지는 평범한 농부로 추측하고 있습니다.

그는 열여덟에 출가하여 소지 선사에게 탁발승이 되어 구족계를 받고 용문산 혜명국사에게서 불법을 배웠습니다.

"지금 세상에 바른 길을 걸을 자, 너 아니면 누가 있으리오!"

혜명국사는 무학에게 이렇게 말하며 부도암에 머무는 것을 허락하였습니다.

그가 부도암으로 들어가 수도를 하고 있을 때 불이 났습니다. 다른 사람들은 아우성치며 밖으로 뛰쳐나갔지만 그는 돌부처처럼 꼼짝도 않고 도를 닦았습니다. 이것을 본 사람들은 그가 범상치 않은 사람이라는 것을 알았습니다.

그 후 그는 진주의 길상사를 거쳐 묘향산의 금강굴에서 수

도를 계속하였습니다.

1353년에 무학은 홀연히 원나라 북경으로 떠났습니다.

북경에 도착한 그는 그 곳에서 인도의 유명한 승려 지공 스님이 불법을 펴고 있다는 얘기를 듣고 그를 찾아갔습니다. 그 곳에서 무학은 그의 제자가 되어 불법에 대한 가르침을 많이 받았습니다.

이듬해 무학은 고려의 중으로 원나라에 와 있던 나옹 스님을 만나 불법을 배웠습니다. 이 후 나옹 스님과 동행하여 원나라의 풍물을 둘러보기 위해 각지를 돌아다녔습니다.

무학은 1356년 우리 나라로 돌아왔고 이어 나옹 스님도 귀국하였습니다. 무학은 다시 나옹 스님을 찾아가 더욱 열심히 불법을 배웠습니다.

나옹 스님이 공민왕의 왕사가 되어 송광사에 머물고 있을 때였습니다.

"그대는 이제 나의 모든 법을 전수받았다. 이제 내 뒤를 잇거라."

무학은 나옹 스님으로부터 의발(가사와 바리때)을 받고 법통을 이었습니다.

이 후 나옹 스님은 양주 회암사로 가서 불법을 크게 펼쳤습니다. 나옹 스님은 무학을 불러 이 곳에 오게 하려 했으나 무학은 정중히 사양하였습니다.

화엄사에서 나옹이 죽자, 무학은 여러 곳을 떠돌아다니며 수도하였습니다. 당시 고려 왕조는 그를 왕사로 삼기 위해 초대했으나 세상 일에 무심한 무학은 거절하였습니다.

무학이 이성계를 언제 어떻게 만났는지 정확한 기록은 없습니다. 다만 여러 가지 설만 세상에 떠돌 뿐입니다.

　무학과 이성계가 만나게 되는 일화로는 다음과 같은 얘기가 전해지고 있습니다.

　당시 무학은 안변의 조그만 토굴에서 살고 있었습니다.

　한편 이성계는 그즈음 몹시 이상한 꿈을 꾸었습니다. 여러 집 닭들이 요란하게 울고 있는데 우연히 허물어진 집에 들어갔다가, 서까래 세 개를 등에 짊어지고 나오는 꿈이었습니다.

　이성계가 깨어나 곁에 있던 어떤 노인에게 꿈 얘기를 물었습니다.

　"그 일을 이 노파가 어찌 알겠소. 서쪽 설봉산 굴 안에 유명한 무학 스님이란 분이 계시니 그리 가서 물어 보시오."

　노인은 이 말 한 마디만 남기고는 자리에서 일어났습니다.

　이성계가 무학을 찾아가 꿈 해몽을 부탁했습니다.

　무학은 지그시 눈을 감고 있다가 갑자기 무릎을 치면서 말했습니다.

　"세 개나 되는 서까래를 짊어졌으니 왕의 글자요, 닭이 한꺼번에 울어댄 것은 높이 된다는 뜻이외다. 후일 왕가와 인연을 맺게 될 꿈이외다. 그러나 이를 발설해서는 안 되오."

　이 후 무학이 있던 곳에 절을 지어 석왕사라 불렀습니다.

　왕이 된 뒤 이성계는 사람을 시켜 무학을 궁으로 데려왔습니다. 이 때 무학은 불교의 최고 책임자의 자리에 올라 묘엄존자라는 호칭을 얻었습니다.

　이성계의 생일 날 초대 받은 무학은 이성계에게 이렇게 말했습니다.

　"백성들에게 덕을 베풀어 주시오. 많은 죄수들을 풀어 주는

것만큼 큰 덕은 없을 겁니다."

이리하여 이성계는 많은 죄수들을 풀어 주었습니다.

조선을 세운 이듬해 이성계는 도읍을 옮길 계획을 세웠습니다. 이성계는 도읍지를 무학에게 정해줄 것을 부탁하였습니다. 이에 무학은 계룡산을 올라가 보기도 하고 한양에 가 보기도 하였습니다.

처음에 조정에서는 계룡산 신도안이란 곳에 도읍을 정하기로 하고 궁궐을 지었습니다. 그러나 무학은 이를 멈추게 하고 한양으로 도읍을 정해야 한다고 일렀습니다.

그리하여 무학과 이성계는 한양 땅을 살폈습니다. 이성계는 왕십리가 마음에 들었던지 무학더러 그 곳에 궁궐 터를 잡자고 했습니다.

"이 곳은 아니되옵니다. 터를 잡을 곳은 앞으로 십리는 더 가야 있사옵니다."

이리하여 왕십리라는 이름이 생겨났습니다.

무학은 인왕산을, 정도전은 북악산을 궁궐의 뒷산으로 삼자고 주장하였습니다.

이에 무학은 나라의 운명을 내걸며 말하였습니다.

"만일 그렇지 않으면 5대 안에 정씨 성을 가진 사람이 왕위를 노리게 될 것이고, 또 2백 년 만에 나라가 휘청이는 난리를 겪게 될 것이오."

여기서 정씨는 정도전을 가리키며 난리는 임진왜란을 일컬었던 것입니다.

한양에 도읍이 정해지자 이성계는 화엄사에 스승 지공과 나옹 스님의 탑을 세우게 하였습니다. 그리고 무학을 왕사로 대접하였습니다.

  무학은 5년 뒤 늙음을 핑계로 모든 직책을 내주고 용문산으로 훌쩍 들어가 버렸습니다.

  1402년 태종은 그를 화엄사로 나오게 하였지만 얼마 있지 않고 금강산 진불암으로 들어갔습니다.

  그는 사람들과 만나는 것을 꺼리고 홀로 조용히 명상에 잠기는 것을 원했습니다.

  1405년 금강암으로 옮겨와 그 곳에서 나이 79세(승랍 62세)로 입적하였습니다.

일본을 신랄하게 꾸짖은 월남 이상재

일제치하 통감부 시대의 일이었습니다. 당시 월남 이상재 선생은 조선 미술 협회의 창립식에 참석하게 되었습니다. 그런데 창립식장에 이완용과 송병준 같은 매국노들이 끼여 있었습니다. 월남은 그들과 한 자리에 같이 앉아 있다는 사실조차 견딜 수가 없었습니다.

마침내 월남은 그들 곁으로 다가갔습니다.

"당신들은 동경으로 이사 가는 것이 낫지 않소?"

이 말을 들은 두 사람은 고개를 갸우뚱거리며 월남의 얼굴을 쳐다보았습니다.

"아니, 갑자기 무슨 말씀이시오? 우리 나라를 두고 어딜 간단 말이오?"

"당신들은 뭔가를 망치는 데에 도사들 아니오. 그러니 당신네들이 동경으로 가면 일본이 망하지 않겠소. 그것보다 더 좋은 애국이 어디 있겠소."

이상재는 나라를 팔아먹은 매국노를 따끔하게 꾸짖었습니

다.

 철종 원년인 1850년 10월 26일, 이상재는 충청남도 서천군 종지리에서 태어났습니다. 고려 말기의 충신이자 대표적인 선비였던 목은 이색의 16대 손으로 아버지 이희택과 어머니 밀양 박씨의 맏아들이었습니다.

 "고려의 충신인 목은 이색의 후손답게 학문에 힘쓰고 강한 의리를 지녀야 하느니라!"

 어려서부터 이상재는 할아버지의 이 말씀을 되새기며 자랐습니다. 그래서인지 이상재는 어린 시절 가난한 살림에도 굴하지 않고 꿋꿋이 공부했습니다.

 아홉 살쯤 되었을 때, 이상재는 어려운 글을 척척 익혔고 글도 잘 지어 주위로부터 영특한 아이라는 소리를 들었습니다. 15세가 된 이상재는 당시 일찍 결혼하는 풍습에 따라 강릉 유씨와 결혼하였습니다.

 결혼한 지 얼마 되지 않은 때 아버지가 억울하게 감옥에 갇히는 일이 발생했습니다. 권세 있는 고을의 부자가 이상재 조상의 묘자리를 자기네 것이라고 우기며 고소를 한 것이었습니다.

 아버지 이희택은 억울함을 호소했으나, 뇌물을 먹은 관리가 들어줄 리 없었습니다.

 죄 없이 옥살이하는 아버지를 그냥 볼 수만 없었던 이상재는 관청으로 달려갔습니다.

 "저희 아버님은 아무 잘못도 없이 옥살이를 하고 있습니다. 너무나 억울합니다. 죄가 가려질 때까지 제가 대신 감옥에 있게 해 주십시오."

"뭐?"

"어찌 자식된 도리로서 이대로 있을 수가 있겠습니까? 제 소원을 들어 주십시오, 나리."

이리하여 이상재는 감옥에 갇히고 아버지는 풀려나게 되었습니다.

"어찌 자식을 감옥에 두고 나만 편하자고 나간단 말인가?"

이상재의 아버지는 아들이 갇혀 고생하는 것이 마음에 걸려서 감옥에서 나오는 길에 선산을 넘겨주고 말았습니다.

이상재는 사흘 만에 풀려났으나 분을 참지 못해 그 길로 군수를 찾아가 다시 억울함을 호소하였습니다.

"선산을 빼앗겼으니 조상을 버린 것이나 다름없습니다. 후손된 도리로 어찌 그냥 있을 수가 있겠습니까? 부디, 사건의 시비를 가려 주십시오."

군수는 이상재의 말에 감동하여 다시 조사하였고 이상재는 선산을 찾게 되었습니다. 그는 이렇듯 소년 시절부터 불의에 굴하지 않는 강인한 정신을 지니고 있었습니다.

18세 때에는 서울로 올라가 과거에 응시하였습니다. 과거 시험장이 난잡하여 마치 시장 바닥 같았습니다.

"참으로 한심하구나! 다시는 발을 들여놓을 곳이 못 되는구나."

그는 이 한 마디 말을 남기고는 벼슬길의 희망을 버리고 말았습니다.

그러던 어느 날, 이상재의 재주를 아끼던 친척 이강직이 이상재에게 당대의 명문 거족인 죽천 박정양 승지를 소개해 주었습니다. 박정양은 월남의 사람됨을 알아보고 자기 집에 머물게 하였습니다. 이상재는 10살 위인 박정양과 막역한 친구 사이가 되어 13년 동안 박정양의 집에서 지냈습니다. 그 곳에서 이상재는 정치적 경륜을 쌓았습니다.

고종 18년 이조판서가 된 이상재는 '신사 유람단'의 대표인 박정양과 함께 일본으로 건너갔습니다. 일본의 발달된 선진 문물을 배우고 돌아온 이상재는 홍영식의 도움으로 우정국 주사가 되어 인천에서 일했습니다. 그러나 1844년 김옥균, 홍영식, 박영효 등이 일으킨 갑신정변이 실패하자 이상재는 벼슬을 내놓고 고향으로 돌아갔습니다.

1898년에는 독립 협회에서 활동하다가 두 번씩이나 감옥에 갇히기도 하였습니다.

을사조약이 체결된 후 고종은 이상재에게 의정부 참탄관이란 벼슬을 내렸습니다. 을사조약은 몇몇 양심을 저버린 매국노들에 의해 체결된 것입니다.

"신은 비록 만번 죽을지언정 매국의 도적들과는 조정에서 같이 일할 수 없습니다. 폐하께서 신이 그르다고 생각하시면 신의 목을 베어 모든 도적에게 주시고, 옳다고 여기시면 모든 도적의 목을 베어 온 국민에게 사례하소서."

이상재는 자신이 벼슬에 나갈 수 없음을 분명히 했습니다.

하지만 고종의 간곡한 부탁으로 참탄의 자리를 맡게 되었습니다. 이상재는 일본인과 끝까지 대결하여 풍전등화(매우 위급한 자리에 놓여 있음) 같은 조국의 운명을 바로 잡아 보려고 노력하였습니다.

1907년 헤이그 밀사 사건으로 고종은 왕위를 박탈당했습니다. 헤이그 밀사 파견을 돕던 이상재는 이 사건으로 완전히 관

직에서 물러났습니다.

그가 남기고 간 촌철살인(짤막한 경구로 사람의 마음을 찔러 감동시킴)의 말 한 마디 한 마디는 우리 민족의 울분이기도 했습니다.

3·1 운동 때 감옥에 갇혔던 이상재는 일본 검사를 신랄하게 꾸짖었습니다.

"내 이 두 손바닥을 합쳐 주시오."

갑자기 이상재가 두 팔을 들고 손바닥을 쫙 펴며 말하자 심문하던 검사는 어리둥절하였습니다.

검사는 이상재가 시키는 대로 손바닥을 붙여 주었습니다. 그러자 이상재는 다시 요구하였습니다.

"자, 이젠 맞붙은 두 손을 떼 주시오."

월남은 손바닥을 뗀 검사를 뚫어지게 쳐다보았습니다.

"이렇듯 붙으면 떨어지는 것이 하늘의 이치일진데 한일합방도 이와 마찬가지 아니겠소?"

이 말에 얼굴이 빨개진 일본 검사는 더 이상 이상재를 심문하지 못했다고 합니다.

1927년 78세에 이상재는 조선 일보 사장직을 그만두고, 그 해 3월 세상을 떠났습니다. 오로지 한평생 조국과 민족을 위해 개인을 돌보지 않은 그의 삶은 우리 민족의 가슴속에 영원히 살아 숨쉴 것입니다.

위대한 임금 세종 대왕

충녕은 1397년 태종 이방원의 셋째 아들로 태어났습니다. 마땅히 태종의 뒤를 이을 왕세자는 맏아들 양녕 대군이었습니다. 사람됨이 활달하고 씩씩한 양녕 대군은 공부만 하고 있을 성품이 못되었습니다.

틈만 나면 글을 가르치는 서연관인 이내의 눈을 피해 대궐 담을 뛰어넘어 곧잘 하인배들과 어울렸습니다.

"오늘은 날씨가 화창하니 사냥하기에 안성맞춤이구나. 산으로 가자꾸나!"

양녕의 이러한 행동은 점차 태종의 눈총을 받기 시작했습니다. 양녕은 그 사실을 알면서도 더욱 미움받을 짓만 하였습니다. 대궐로 하인배들을 끌어들여 종일 술을 마시는가 하면, 고래고래 노래도 불러댔습니다.

왕세자 양녕의 행실에 실망한 신하들이 드디어 임금에게 상소를 올렸습니다.

"이제까지 왕세자의 행동으로 보건대 장차 도저히 국가에

행복을 가져올 희망이 보이지 않사오니, 이 기회에 왕세자를 폐하는 것이 나라의 장래에 좋을 줄로 압니다."

왕세자 때문에 골치가 아팠지만 왕위를 맏아들에게 물려주고 싶은 태종은 신하들의 상소를 들은 척도 하지 않았습니다. 다만 양녕 스스로 정신 차리기만을 기다릴 뿐이었습니다.

그러나 양녕의 행실은 도무지 나아질 기미가 보이지 않았습니다. 그러자 조정에서는 사실상 양녕 세자를 포기하고 말았습니다.

이런 분위기 속에서 둘째 아들인 효령 대군은 세자 자리를 은근히 기대하였습니다. 하지만 태종 임금은 세자 자리에 둘째 효령 대군보다는 셋째 충녕 대군을 앉히고 싶어했습니다.

왕위에 욕심을 품은 효령은 방안에 들어앉아 글을 읽곤 하며 바른 몸가짐을 보여주려고 노력하였습니다.

이 모습을 본 양녕 대군은 갑자기 책상을 발로 차면서 말했습니다.

"어리석구나! 네가 충녕의 높은 덕을 알아보지 못하는구나."

효령 또한 충녕의 덕스러움을 알고 있었기에 자신의 행동에 대해 심한 부끄러움을 느꼈습니다.

결국 효령은 부끄러움을 이기지 못하고 뛰쳐나가 절로 달려갔습니다. 그 날 효령은 북을 두드리며 자신의 헛된 욕망을 뉘우치고 충녕의 장래를 축복하였습니다.

당시 효령이 얼마나 북을 두드렸던지 북 가죽이 그만 늘어나 버렸다고 합니다. 오늘날 '효령 대군 북 가죽'이라는 말이 있는데, 이 말은 여기서 유래한 것이랍니다.

왕세자 양녕은 끊임없이 미친 듯한 행동을 해댔습니다. 이제나 저제나 하고 양녕을 믿어 왔던 태종은 드디어 양녕을 왕세자에서 폐위하고 말았습니다.

태종은 새로운 세자로 충녕을 염두에 두고 대신들의 의견을 들었습니다.

"세자 자리는 하루라도 비워 둘 수 없소. 누구를 세자로 책봉할 것인지 경들의 생각을 듣고 싶소."

태종 임금이 대신들을 불러 놓고 이렇게 말하자, 영의정이 앞으로 나서며 말하였습니다.

"여러 대군들 가운데 어질고 총명한 분을 세자로 책봉하심이 마땅한 줄 아뢰오."

"과인도 경과 같은 생각이오. 그래서 충녕을 새로운 세자로 삼고 싶은데, 경들의 뜻은 어떻소."

"신들이 다시 세자를 책봉하고자 상소문을 올린 것도 사실은 충녕 대군을 염두에 둔 때문입니다."

이리하여 새로운 세자로 책봉된 충녕은 1418년 22세의 나이로 조선의 4대 임금인 세종 대왕이 되었습니다.

이 소식을 들은 양녕은 호탕하게 웃으며 말하였습니다.

"어질고 지혜로운 왕이 탄생하였으니 이 나라의 큰 경사로다!"

결국 양녕은 왕세자의 자리를 어진 아우에게 물려주기 위해 일부러 태종의 미움을 샀던 것입니다.

임금에 오른 세종 대왕은 백성들의 마음을 깊이 헤아려 임금의 도리를 성실히 수행했습니다.

'나라가 발전하려면, 먼저 덕망있고 학식을 고루 갖춘 인재

를 길러야 한다.'

 세종 대왕은 훌륭한 인재를 모아야 나라가 발전하고 백성들이 잘 살 수 있다고 생각하였습니다.

 "나라를 이끄는 학문 연구 기관으로 집현전을 만들어야겠구나."

 예로부터 집현전은 학문의 성지였습니다. 그런데, 거기에는 나이 든 학자들이 대부분 자리를 차지하고 있었습니다. 때문에 젊고 재주있는 선비들은 소외당해야 했습니다.

 세종 대왕은 나라의 발전을 위해서라면 젊고 유능한 인재들이 필요하다고 생각했습니다.

 이렇게 해서 세종은 젊은 인재를 뽑기 시작했습니다. 처음에는 10명으로 시작했으나, 차츰 그 수가 늘어 30명에 이른 적도 있었습니다.

 한편, 세종 대왕이 어진 정치를 펼치는 데 큰 도움을 준 인물은 황희 정승이었습니다.

 세종 대왕은 어려서부터 덕망과 인격을 갖춘 황희의 영향을 많이 받았습니다. 가난한 백성을 불쌍히 여기고 도와주는 황희에게서 검소한 생활과 절약 정신을 배웠던 것입니다. 또한, 황희는 아이들의 세계에는 결코 신분의 높낮음이 없다고 생각했으므로 서민의 자식들과도 거리낌없이 어울렸습니다.

 황희의 올바른 성품을 보고 세종 대왕은 이렇게 탄식한 적도 있습니다.

 "어허! 내가 다스리는 나라는 황 정승 댁 사랑방 놀이터만도 못하구나."

 어느 날 세종 대왕은 황희를 불러 말하였습니다.

"경은 개를 몹시 싫어한다고 들었소. 어찌 그러시오?"
"개는 사람을 잘 따르는 동물인데 어찌 귀엽지 않겠습니까? 다만 굶고 있는 가난한 사람들이 많은지라 개가 축내는 식량이 아까울 따름이옵니다."

세종 대왕은 황희의 말을 듣고 고개를 끄덕였습니다.

세종은 황희를 본받아 궁중에서 검소하고 절약하는 생활을 실천하였습니다.

평소 세종은 자주 갈증을 느꼈습니다. 꿀물이나 냉수를 마셔도 갈증은 사라지지 않았습니다. 하지만 세종은 무슨 영문인지 어의(왕실 전속 의사)를 부르지 못하게 하였습니다.

"몸은 건강한데 단지 자꾸 갈증만 날 뿐이다. 죽어가는 백성들도 약을 못 쓰는데 내가 어찌 약을 먹겠느냐?"

백성을 생각하는 마음으로 검소한 생활을 실천하는 임금을 보고 관리들은 입을 모아 칭찬했습니다.

"과연 천하에 다시 없을 어진 임금이시다."

어진 세종이 정치를 펴니 나라의 여러 일들은 순풍에 돛을 단 듯 착착 진행되었습니다.

또, 농사가 으뜸이라고 생각한 세종은 〈농사직설〉이란 농업 기술 책을 만들도록 하였습니다.

"농부들이 잘 살려면 농사 짓는 법에 능숙해야 한다. 그러자면 전문 농업 서적을 만들어 보급해야 할 것이다."

또 장영실에게 분부하여 강수량을 측정할 수 있는 측우기를 만들도록 했습니다. 그리고 그 측우기를 각 지방 관청에 설치하도록 하였습니다.

"사람이 예측할 수 없는 가뭄과 홍수의 피해는 노력에 따라

줄일 수 있을 것이다. 어쩌면 측우기가 그 일을 해낼지도 모른다."

오랜 세월 동안 강수량을 관찰해 평균값을 얻게 되면 가뭄이나 홍수를 극복할 지혜가 생기게 마련입니다. 그렇게 된다면 농사에도 큰 도움이 될 것입니다.

세종은 국방에도 힘을 쏟았습니다. 고려 시대부터 북쪽 지방 사람들은 여진족 때문에 그리고 남쪽 지방 사람들은 왜구 때문에 괴로움을 겪었습니다.

"나라를 잘 다스리고 백성들의 생활을 편안하게 하려면 국방을 튼튼히 해야겠구나. 나라 밖으로 여진과 왜구의 무리가 들끓으니, 어찌 백성들이 마음을 놓을 수 있단 말인가."

북쪽 백성들을 걱정한 세종 대왕은 김종서 장군을 불러 국경을 수비하도록 하였습니다.

"장군이 국경을 잘 지켜 백성들을 보살펴 주시오. 그대를 도절제사로 임명하겠소."

이리하여 김종서는 북쪽 국경 지대에서 여진족을 몰아내고 4군과 6진을 개척하였습니다.

이 일로 우리 나라의 북쪽 영토는 압록강과 두만강까지 이르게 되었습니다. 또한 세종 대왕은 왜구의 침략을 근절하기 위해 삼포를 열기도 하였습니다.

이렇듯 어질고 훌륭한 임금이 나라를 다스리니 태평세월이 이어졌습니다. 백성들도 이러한 임금을 우러르며 따랐습니다.

그런데 세종 대왕은 오래 전부터 안타깝게 여겨오던 일이 있었습니다.

'나라의 말이 중국과 달라서 백성들이 사용하는 데 어려움

이 많구나. 우리 나라 말은 우리 글로 적어야 한다. 사용하기에 편리한 우리 글자를 만들어야겠다.'

한자는 백성들이 사용하기엔 너무 어려웠습니다. 그리하여 궁궐에 새로운 글자를 만들기 위해 '정음국'이란 관청을 설치하였습니다. 그 곳에서 집현전 학자들에게 우리 글을 만들도록 하였습니다.

세종 대왕 또한 재주있는 학자들과 함께 밤낮으로 연구를 하셨습니다. 그러다 나중엔 눈병까지 얻어 청주로 요양을 가게 되었습니다.

"상감 마마, 지금은 안정을 취하실 때이옵니다. 제발 책을 거두어 주소서."

의원의 만류에도 불구하고 세종은 한글에 관한 책만은 손에서 놓질 않았습니다.

그러나 한글 만드는 일이 순조로운 것만은 아니었습니다.

어느 날 최만리라는 학자가 몇몇 무리들과 더불어 상소를 올렸습니다.

"폐하! 중국 문자를 가지고도 충분히 뜻을 표시할 수 있는데, 무엇 때문에 새삼스럽게 문자를 만드십니까?"

이에 진노하신 세종은 최만리에게 호통을 쳤습니다.

"우리 말을 중국의 문자를 빌어 기록하는 일이 부끄럽지도 않단 말이더냐? 어찌 한 나라의 신하로서 그대는 그대만을 생각하는가? 이 일은 한자를 익히지 못한 일반 백성을 위한 일이 아니더냐!"

최만리는 얼굴이 새빨개져 아무 말도 할 수 없었습니다.

지극한 정성 끝에 새로운 글자가 빛을 보게 되었습니다. 이

렇게 해서 닿소리(자음) 17자와 홀소리(모음) 11자, 모두 28자가 세종 25년에 정해졌습니다.
 "오늘의 이 기쁨은 경들의 노력 때문이오."
 "황공하옵나이다."
 "이 글자는 오래도록 백성들을 바르게 이끌 것이니 '훈민정음'이라 이름함이 어떻소?"
 신하들은 모두 훌륭하신 생각이라고 입을 모았습니다.
 세종 대왕이 만드신 훈민정음이 지금 우리가 사용하고 있는 한글입니다.
 한글은 우리 민족이 가지고 있는 가장 훌륭한 보배입니다. 다른 나라 글과 견주어 볼 때 과학적으로 우수하다는 평을 받고 있습니다. 글자가 간결할 뿐더러 자음과 모음을 조합해 응용할 가능성이 무궁무진하기 때문입니다.
 세종은 임금이 된 지 31년째 되던 해 겨울부터 건강이 나빠졌습니다. 원래 눈병을 앓고 있었지만 말까지 더듬거리게 되었습니다. 그러다 54세의 나이로 고요히 잠이 드셨습니다.
 우리 역사상 가장 위대한 임금인 세종 대왕은 민족의 얼인 한글과 더불어 영원히 우리 가슴속에 살아 있습니다.

황금 보기를 돌같이 하라! 최영

16세의 최영은 시름시름 앓아 누워 있는 아버지 곁에 무릎을 꿇고 앉았습니다.

아버지가 맥없이 뼈만 남아 앙상해진 손을 내밀자 최영은 그 손을 마주 잡았습니다. 최영의 눈에선 눈물이 흘러내렸습니다.

"사내 대장부가 울긴. 너의 조상들은 벼슬을 지냈지만 모두 청렴하게 사셨단다. 모든 재앙의 근원은 재물을 탐하는 데서 비롯하니 너는 조상들을 본받아 황금 보기를 돌같이 해야 하느니라. 부디 나라의 훌륭한 신하가 되…어…라."

"아버지! 아버지! 으흐흑……."

아버지는 말끝을 맺지 못하고 숨을 거두었습니다.

이 후 최영은 벼슬길에 있으면서 아버지 유언을 받들어 평생 황금 보기를 돌같이 하였습니다.

최영은 1316년 고려 충숙왕 3년에 태어났습니다.

공민왕 12년 1363년, 최영은 역적 김용이 일으킨 난을 막아

찬성사라는 벼슬에 올랐습니다.

이 때 여러 대신들은 김용의 보물 중 특이하고도 귀해 보이는 구슬을 탐내고 있었습니다.

"보석이 고양이 눈같이 생겼다더니 정말이군요."

"고려에서 이것을 가지고 있는 사람은 김용밖에 없을 것이오."

"상감께서도 가지지 못한 물건을 놈이 가졌으니 어찌 천벌을 받지 않겠소!"

최영은 멀찌감치 떨어져 그것을 거들떠보지도 않았습니다.

"최 장군님, 이리 오셔서 구경해 보시죠? 이런 귀한 보물은 생전 처음 본답니다."

"여러 대신들이나 실컷 구경하시오. 난 흥미 없소."

최영은 한마디 내뱉고는 밖으로 나가 버렸습니다.

마음속으로 구슬을 탐내고 있었던 대신들은 최영 장군의 말에 얼굴이 새빨개졌습니다.

최영 장군은 이처럼 재물에 관심을 두지 않았습니다. 큰 공을 세울 때마다 나라에서는 논밭을 내렸지만 매번 사양하였지요. 굶주린 백성들을 먼저 생각한 그는 언제나 검소하고 깨끗하게 살았습니다.

그즈음 고려는 제 25대 충렬왕 때부터 제 31대 공민왕 때까지 약 80년 동안이나 중국 원나라의 간섭을 받았습니다. 고려의 왕들은 원나라의 공주를 왕비로 맞아야 했습니다. 또 왕이 물러나고 들어서는 일까지도 원나라의 허락을 받아야 했습니다.

이른바 고려는 원나라의 부마국(사위 나라)으로 자주성과 독

립성을 잃고 그들의 지배를 받았던 것입니다.

　게다가 임금이 될 태자들은 어린 시절 원나라의 서울인 연경에 들어가 교육을 받아야 했습니다. 원나라 공주와 혼인을 한 다음에야 고려로 돌아가 왕위에 오를 수가 있었습니다.

　공민왕은 1352년에 왕위에 올랐습니다. 이 때, 공민왕을 세자 시절부터 보필하던 조일신이라는 신하가 있었습니다. 그런데 이 조일신이라는 자는 공민왕이 왕위에 오르자마자 높은 벼슬자리를 모조리 차지하고 제멋대로 권력을 휘두르기 시작하였습니다.

　이 때, 공민왕은 비밀리에 최영 장군에게 조일신의 무리를 제거하라는 명령을 내렸습니다.

　최영은 왕명을 받고 대궐로 들어갔습니다.

　"역적 조일신은 상감 마마의 명에 따라 목을 내놓아라."

　최영은 왕의 옆에 서 있는 조일신을 보고 꾸짖었습니다.

　"여기가 어디라고 한낱 장수 나부랭이가 까부느냐?"

　조일신도 덩달아 큰소리로 응수하였습니다. 이윽고 왕이 조일신을 보고 말하였습니다.

　"최영은 내 명을 받고 있을 뿐이다."

　왕의 말이 떨어지기가 무섭게 최영은 군사들에게 명령을 내렸습니다.

　"여봐라! 당장 저 놈의 목을 베어라!"

　군사들은 조일신과 그 무리에게 번개같이 달려들어 모두 목을 베어 버렸습니다.

　조일신을 제거하고 왕권을 안정시킨 최영은 이번에는 원나라에 원병을 떠나게 되었습니다. 몽고족의 지배를 받아오던

한족들이 중국 각지에서 거세게 반란을 일으켰던 것입니다. 이들의 세력이 너무 막강한지라 원나라 조정에서는 막을 도리가 없었습니다. 사정이 이쯤 되자 원나라는 고려에 원병을 청하기에 이른 것입니다.

최영은 원나라를 도와 크게 용맹을 떨치고 열달 만에 귀국하였습니다. 그러나 이 때부터 고려는 원나라에게서 등을 돌렸습니다. 원나라의 힘이 많이 약화되었기에 더 이상 그들의 속국으로 머물 이유가 없게 된 것입니다.

최영의 전공은 계속되었습니다. 고려가 원나라와 실랑이를 벌이고 있을 때, 이 틈을 이용하여 왜구의 무리들이 남쪽 지방에서 날뛰었습니다. 최영은 조정의 명을 받아 400여 척에 가까운 왜구의 배들을 불사르는 큰 전과를 올렸습니다.

이즈음 중국에서는 원나라가 망하고 새로이 명나라가 들어섰습니다. 명나라는 자신들의 힘을 과시하고 싶어 고려에 사신을 보냈습니다.

"철령 북쪽은 원래 원나라에 속했던 땅이니만큼 이제 명나라가 지배하겠소. 그러니 이를 확실히 하는 뜻으로 요동에서 철령까지 철령위를 세우기로 하였소."

명나라는 다짜고짜 이런 사실을 알려 왔습니다.

평안도와 함경도는 원래 고려의 땅이었는데, 도중에 원나라가 빼앗아 간 것입니다. 이제와서 그 땅을 돌려달라는 것은 억지에 불과했습니다.

화가 치민 최영은 사신을 옥에 가두었습니다. 그리고 임금에게 나아가 아뢰었습니다.

"상감 마마, 이번 기회에 요동을 쳐서 고려의 옛 땅을 되찾

아야 하옵니다. 반대하는 이가 있더라도 꼭 단행하시옵소서."

"과인의 뜻도 그러하오. 그대의 말에 따르리다."

우왕은 요동을 정벌하여 고려의 자주성을 찾자는 최영의 말에 찬성하였습니다.

하지만 당시 고려의 또 다른 명장 이성계는 반대의 뜻을 나타냈습니다.

"지금 명나라를 치는 것은 옳지 않다고 생각되옵니다. 작은 나라가 큰 나라를 치는 것은 어려운 일이옵고, 농사철에 군사를 일으킨다는 것 또한 어렵사옵니다. 또, 요동 정벌을 하는 동안 왜구가 침입할 우려가 있으며 장마철이라 전염병이 크게 우려되옵니다."

이성계가 강력하게 요동 정벌을 반대하자 최영은 그의 말에 응수하였습니다.

"그렇지 않사옵니다. 지금이 요동을 차지할 절호의 기회입니다. 명나라가 비록 크다 하나 나라의 정비가 아직 끝나지 않아 요동의 방비가 허술하옵니다. 또, 요동은 곡창 지대이므로 여름에 공격하면 가을에 많은 군량을 얻을 수 있을 것입니다. 그리고 명나라 군사는 비 내리는 여름에 싸우는 것을 몹시 꺼린다고 알고 있사옵니다."

"최 장군의 말이 옳소. 하루 빨리 명나라를 치시오."

우왕의 결정은 단호했습니다.

1388년 4월 18일, 고려의 군대는 마침내 요동 정벌에 나섰습니다. 하지만 이성계가 조민수를 달래어 위화도에서 회군함으로써 요동 정벌은 실패로 끝나고 말았습니다.

강직하고 청렴하던 최영은 이성계에게 붙잡혀 고향으로 귀

양갔다가 12월에 참수되었습니다.

　이성계는 최영을 죄인으로 몰아 죽였지만, 최영은 마지막 순간까지 당당하였습니다.

　"나를 죄인으로 몰아 죽이지만 나는 평생 하늘을 우러러 한 점 부끄러움이 없다. 내 말이 거짓이라면 내 무덤에 풀이 날 것이고, 참말이라면 영원토록 풀이 돋아나지 않을 것이다."

　최영의 죽음에 온 백성이 눈물을 흘렸습니다. 개풍군 덕물산에 있는 그의 무덤에는 아직도 풀이 나지 않는다고 합니다.

삼국을 통일한 문무왕

문무왕은 태종 무열왕 김춘추의 맏아들로 태어났습니다. 문무왕의 어릴 적 이름은 법민이었습니다. 어머니는 김유신의 오누이인 문명왕후였습니다.

어느 날 밤이었습니다. 김유신의 맏누이는 꿈에서 서형산 꼭대기에 올라 오줌을 누었습니다. 오줌은 강물처럼 흘러내려 온 나라 안을 적셨습니다.

그녀는 잠에서 깨어나 동생에게 꿈 얘기를 해줬습니다. 동생은 언니의 꿈을 예사롭게 생각하지 않았습니다.

"언니, 그 꿈을 내가 살게."

"꿈을 어떻게 사고 파니?"

"내가 비단 치마를 주고 꿈을 사면 언니는 그냥 팔면 되지, 뭐."

며칠 뒤, 김유신은 김춘추와 공을 차다가 실수로 김춘추의 옷고름을 밟아 떨어뜨렸습니다.

"여기서 우리 집이 아주 가깝습니다. 저희 집에 가서 옷고름

을 답시다."
 김유신은 김춘추와 자기 집으로 가서 조촐한 잔치를 열었습니다. 그리고 맏누이 보희를 불렀지만, 일이 있어 나오질 못하고 대신 동생이 나와 옷고름을 달았습니다. 김춘추는 그녀의 빼어난 용모에 한눈에 반하고 말았습니다.
 김춘추는 마침내 그녀의 부모에게 혼인을 청하고는 그녀와 결혼했습니다. 이렇게 해서 낳은 아이가 훗날 문무왕이 될 법민이었습니다.
 문무왕은 아버지 김춘추를 닮아 수려한 외모를 지녔으며 머리가 영리하고 지략이 뛰어났습니다. 그는 일찍이 진덕 여왕 시절부터 아버지 김춘추를 따라 당나라에 가서 외교 활동을 벌이기도 했습니다.
 법민은 태종 1년에 세자로 책봉되었습니다. 660년에 신라가 당나라와 함께 백제를 정벌할 때 태자의 신분으로 전쟁에 참가하여 큰 공을 세우기도 했습니다. 그러다 문무왕은 661년에 신라 30대 임금에 올랐습니다.
 문무왕이 왕위에 있던 21년 동안에는 전쟁이 끊일 날이 없었습니다. 왕위에 오르자마자 백제의 왕자 부여풍을 상대로 전쟁을 하였습니다. 백제군을 물리친 후에는 당나라 소정방과 합세해 고구려를 공격하였습니다.
 당나라 장수 소정방은 군사를 이끌고 고구려로 진격했습니다. 문무왕은 김유신 장군을 앞세우고 평양성으로 쳐들어갔습니다.
 그러나 고구려에는 연개소문이란 명장이 있었습니다. 대동강까지 진격하던 당나라 군사들은 연개소문에게 잇달아 패하였습니다. 그러자 문무왕은 당나라 군사들의 사기를 북돋우기 위해 소정방에게 군량미를 듬뿍 보냈습니다. 그러나 이미 사기가 떨어질 대로 떨어져버린 소정방의 군사들에게 군량미는 아무런 도움이 되지 못했습니다. 그들은 곧 닥쳐올 추위를 핑계대고 자기 나라로 물러나고 말았습니다.

그 뒤 668년 당나라군은 대규모로 병사를 일으켜 만주 지역에서부터 고구려를 침공했습니다. 성난 파도와 같은 당나라군은 곧 고구려의 평양성을 포위했습니다. 문무왕도 때를 놓치지 않고 그들과 합류하여 평양성 공격에 나섰습니다. 마침내 그 해 9월 21일에 고구려 보장왕이 나당 연합군에게 무릎을 꿇고 말았습니다.

이리하여 문무왕은 삼국을 통일하게 되었습니다.

그런데 신라군과 함께 고구려를 멸망시킨 당나라 군대는 자기 나라로 돌아가려 하지 않았습니다. 당나라는 고구려를 새롭게 다스리기 위해 평양에 '안동도호부' 란 관청을 설치하였던 것입니다. 게다가 그들은 고구려에 머물면서 신라를 넘보기 시작했습니다.

674년, 당나라에서는 유인궤를 보내 신라를 치도록 했습니다. 당나라는 신라의 한강 유역과 대동강을 특히 탐냈습니다. 이어, 당나라는 설인귀에게 20만 대군을 주어 대대적으로 신라를 공격했습니다. 평소 빈틈없이 준비해오던 신라군은 매초성(지금의 양주)에서 그들을 크게 격파하였습니다.

당나라는 다음 공격을 기약하면서 일단 후퇴하였습니다. 그러다 다음 해에는 작전을 바꿔 해상공격을 감행하였습니다. 한강 유역을 확보하기 위해 설인귀는 서서히 서해 근방으로

접근하였습니다. 이 싸움에서 신라는 기벌포에서 당나라 군사를 크게 무찔렀습니다.

결국 당나라는 신라정벌을 포기하고 말았습니다. 이렇게 해서 안동도호부를 평양에서 멀리 요동으로 옮기게 되었습니다. 이로 인해 당나라는 사실상 한반도에서 물러났던 것입니다.

이로써 문무왕은 대동강에서 원산만에 이르는 땅덩어리를 통일하였습니다.

681년 7월 1일, 문무왕은 유언을 남기며 세상을 떠났습니다.

"과인은 삼국을 통일하기 위해 평생 전쟁터에서 살았소. 죽어서도 나라를 지키는 용이 되어 신라를 괴롭히는 왜구들을 동해에서 물리칠 것이오. 나의 시체를 불교 의식에 따라 화장하여 동해 입구에 묻어 주시오."

신하들은 문무왕의 유언에 따라 경북 월성군 감포 앞바다에 장사 지냈습니다. 이 후 사람들은 해중왕릉인 문무왕의 묘를 대왕암이라 부르고 있습니다.

재치와 익살이 넘치는 오성 대감 이항복

이항복은 1556년 10월 15일 서울에서 태어났습니다. 고려의 대 학자 이제현의 후손인 이몽량의 아들이었습니다.

이항복은 팔삭동이로 사흘이나 젖을 빨지도 못하고 울지도 않아 부모님을 놀래키기도 했습니다.

이항복은 아홉 살 때 아버지를 여의고 어머니 슬하에서 자랐습니다. 소년 시절에는 이름난 개구쟁이로 헛되이 세월을 보냈습니다. 그 후 어머니의 충고로 학문에 열중하였습니다.

조선 14대 선조 임금 때 활약했던 이항복과 이덕형은 어려서부터 친하게 지냈던 친구였습니다. 그들은 1580년 과거 시험에도 나란히 합격하였습니다.

이덕형도 뛰어난 인물이었지만 이항복 역시 출중한 지혜와 충성심으로 맡은 일을 성실하게 한 것으로 유명합니다. 게다가 남다른 재치와 익살로 널리 알려져 있습니다.

이항복이 13세 때 일입니다.

항복이네 감나무 가지 하나가 담 너머 권 대감 댁까지 뻗쳐

있었습니다. 그 집 하인들은 그 가지에 달린 감들이 자기 네 것이니 아무도 건드리지 말라고 하였습니다.
 이항복은 그 일을 모른 체 할 수가 없었습니다.
 "아무리 우의정 대감이기로 남의 감나무에 열린 감을 따 가지 못하게 해? 그건 안 될 말이지!"
 이항복은 자기 네 감을 다시 찾아올 방법을 곰곰이 궁리하였습니다. 그러다 쏜살같이 권 대감 집으로 달려갔습니다.
 "이리 오너라!"
 "도련님께서 어인 일이옵니까?"
 "대감님께서는 안에 계시냐?"
 "예, 지금 사랑방에 계십니다."
 이항복은 사랑방 앞에 이르자 대뜸 주먹으로 장지문을 푹 찔렀습니다.
 "어느 놈이 이런 버릇 없는 짓을 하는고?"
 "예, 소인은 이웃집에 사는 이항복이옵니다."
 "뭐! 항복이라고? 평소 귀엽게 봤는데, 이제 보니 형편없는 놈이구나!"
 "대감 마님, 노여워 마시고 잠시 제 말을 들어 주십시오. 지금 방안에 들어간 제 팔은 누구의 팔이옵니까?"
 "네 이놈, 어른을 놀리려 드느냐? 네 놈 팔이지 뉘 팔이겠느냐?"
 "대감님 말씀은 틀렸사옵니다. 방안에 들어간 팔은 제 팔이 아닙니다."
 "허허, 고얀지고. 네 몸에 달린 팔이 설령 방에 들어와 있더라도 네 팔이 분명하지 않느냐?"

"방금 대감님께서 하신 말씀이 옳다고 여기십니까?"

"물론 그렇지."

"하오면, 저 담 너머 저희 집 감나무에서 뻗어 나온 가지는 누구 것이옵니까?"

"음, 그건 분명 너희 집 것이지?"

"그런데, 대감님 댁 하인들이 그 가지의 감을 자기 네 것이라고 우겨대고 있사옵니다."

"하인들이 나 몰래 한 짓이구나. 내가 졌다. 하인들을 단속할 테니, 넌 그만 이리 들어오너라."

"예, 황송하옵게도 대감님께 큰 죄를 저질렀습니다."

이항복은 이처럼 어려서부터 재치와 익살을 부리는 솜씨가 여간이 아니었습니다.

1580년 문과 시험에 합격한 이항복은 1589년에 예조좌랑이란 벼슬에 올랐습니다. 이 때 정여립 모반 사건을 슬기롭게 처리하여 선조의 두터운 신임을 받았습니다.

1592년 임진왜란이 일어나자 왕비를 개성까지 무사히 모시는 일을 훌륭히 해냈습니다. 또 왕자를 평양으로, 선조를 의주까지 호위한 이가 바로 이항복이었습니다.

다른 대신들은 모두 꽁무니를 뺐었지만 이항복만큼은 선조 앞에서 등불을 밝히며 피난길에 나섰던 것입니다. 그 공으로 오성군에 봉해졌고 뒷날 영의정에까지 올랐습니다.

오성은 40여 년 동안 벼슬에 있으면서 극심한 당파 싸움에 휘말리지 않으려고 애쓰면서 살았습니다. 국난을 겪는 어려운 시기에도 재치와 익살로 주위 사람들을 흡족하게 해 주었습니다.

선조 임금의 주치의로 양예수라는 사람이 있었습니다. 양 어의(궁중의 의사)는 남에게 몹시 거만하게 굴었고 성질도 괴팍했습니다. 정승들이 몸이 아프면 가마를 보내줘야 겨우 진찰에 임하곤 했습니다. 그냥 불렀다가는 다리에 각질이 도졌다는 핑계를 대며 딴전을 피웠습니다.

임진왜란 때, 아무리 지체 높은 벼슬아치라도 피난은 걸어서 가야 했습니다. 한낱 어의에 불과한 양예수로서는 말이나 가마를 탄다는 것은 꿈도 꾸지 못할 일이었지요.

터덜터덜 걸어가는 양예수에게 난데없이 이항복이 말을 붙여 왔습니다.

"이보게, 양 어의! 잘 듣는 약 처방을 알려 드릴까?"

"무슨 병에 효과가 있는 처방전을 말씀하시옵니까?"

"다름 아니라, 각질에 특효가 있는 것이네. 보아하니 자네 각질에는 난리탕이 최골세."

이 말을 들은 사람들은 배꼽이 빠져라 웃어댔습니다.

이항복이 영의정으로 있을 때의 일이었습니다.

그의 부인은 항아리손님(볼거리)을 앓은 끝에 얼굴이 퉁퉁 부어 올랐습니다. 이항복은 병을 앓고 있는 부인이 걱정되어 일찍 대궐을 빠져나왔습니다.

이 사실을 전해 들은 선조는 오성 대감의 지혜를 시험해 보고 싶은 생각이 들었습니다.

"내일 조회 때 계란 한 개씩 가지고 오되, 오성 대감에게는 알리지 말라."

선조는 여러 대신들에게 이렇게 말하였습니다.

이튿날 조회가 끝나자 선조는 가져온 계란을 내놓도록 하였

습니다. 모두들 계란을 내놓았으나 이항복은 내놓을 계란이 없었습니다.

"그대는 어찌 계란을 가져오지 않았는고?"

이항복은 임금의 장난임을 알아챘지만, 임금을 책망할 수도 없는 노릇이었습니다. 딱한 표정을 짓던 이항복은 갑자기 씨익 웃더니 옷자락을 양손에 쥐고 상하로 흔들면서 말하였습니다.

"꼬끼오, 꼬끼오! 상감 마마, 소인은 수탉인지라 알을 낳지 못하옵니다."

졸지에 암탉으로 몰린 선조와 다른 신하들은 이항복의 기지에 감탄하지 않을 수 없었습니다.

1617년, 이항복은 광해군의 계모인 인목대비를 왕비에서 평민으로 만들자는 주장에 맞서 싸웠습니다. 이 일로 이항복은 이듬해 관직이 박탈되었고, 마침내 함경도 북청으로 귀양을 가게 되었습니다.

1618년 5월 13일, 63세의 나이로 이항복은 귀양지인 북청에서 세상을 떠났습니다.

죽은 해에 관직이 회복되고 이 해 8월에 고향에 예장(예식을 갖춘 장사) 되었습니다.

삼국통일의 터전을 닦은 **태종 무열왕**

삼국통일의 위업을 달성한 신라 제 29대 태종 무열왕 김춘추는 604년에 태어났습니다.

김춘추는 어려서부터 용모가 비범했을 뿐만 아니라 철이 들면서 생각이 깊어져 장차 세상을 다스릴 사람이라는 칭찬을 들었습니다.

당시에는 골품이라는 신분 제도가 있어 대부분의 사람들은 같은 계급끼리만 교제했습니다. 김춘추는 왕족이면서 계급이 조금 낮은 김유신과 막역하게 지냈습니다. 더욱이 김춘추는 훗날 김유신의 누이 동생과 혼인까지 하게 되었습니다. 신분 제도에 구애받지 않고 자유롭게 배우자를 선택한 김춘추는 당대에 찾아보기 드문 대장부였습니다.

김춘추와 김유신의 우정은 삼국통일의 중요한 밑거름이 되기도 했습니다.

642년 김춘추는 60일 이내로 돌아온다는 언약을 남기고 총총히 고구려로 들어갔습니다.

김춘추는 무슨 수를 써서라도 외교를 성공하리라 단단히 별렀습니다. 김춘추는 강대한 고구려의 세력을 견제하고 침략을 방지해야 할 필요를 느꼈던 것입니다.

이 때 고구려는 연개소문이란 장수가 영류왕을 죽이고 보장왕을 세운 직후였습니다.

처음에 보장왕은 김춘추를 융숭히 대접했습니다. 그러나 연개소문은 김춘추를 의심의 눈초리로 바라보았습니다.

"신라의 김춘추는 재주가 비상한 사람이니 조심하셔야 합니다. 아마 우리의 허점을 염탐하기 위해 들어온 게 틀림없습니다."

"아니 그게 정말이오? 그렇다면 우리 고구려는 김춘추를 어찌 해야 한단 말이오?"

"제게 한 가지 좋은 방도가 있사옵니다. 예전에 뺏긴 마목현과 죽령을 신라에게 반환토록 요구하십시오. 만약 거부한다면 우리는 김춘추를 돌려보내지 않으면 됩니다."

지략의 명수 연개소문의 말에 보장왕은 고개를 끄덕였습니다. 이리하여 김춘추는 별관에 갇히는 몸이 되었습니다. 외교에 완전히 실패했을 뿐만 아니라, 목숨마저 위태롭게 된 것입니다.

사태가 이렇게 급변하자 김춘추는 어떻게든지 빠져나가지 않으면 안 되었습니다.

다행히 김춘추에게는 신라에서 가져온 옷감 300포가 있었습니다. 어느 날 김춘추는 보장왕이 총애하는 선도해라는 신하에게 옷감을 슬그머니 건넸습니다. 선도해는 뇌물에 마음이 동해 김춘추에게 빠져나갈 수 있는 계략을 일러주었습니다.

다음 날 김춘추는 보장왕 앞으로 편지를 띄웠습니다.

"마목현과 죽령은 본래 고구려의 땅이니 내가 귀국하면 반드시 반환하도록 하겠습니다. 내 말을 믿지 못한다면, 그것은 동녘에서 뜨는 해의 밝은 빛을 의심하는 것과 같습니다."

편지를 받은 보장왕은 크게 기뻐하며 김춘추를 석방하였습니다. 위기를 모면한 김춘추는 국경을 넘어서면서 고구려 관리에게 웃으며 말했습니다.

"전에 너희 왕에게 띄운 편지는 죽음을 모면하기 위한 방편에 지나지 않았다!"

그러나 그 일로 고구려와의 관계가 더욱 악화되어 신라는 외교적으로 고립상태에 빠졌습니다. 백제와 고구려가 손을 잡고 신라를 노렸기 때문입니다. 그러나 한 가지 다행스러운 것은 신라에는 김춘추나 김유신 같은 비범한 인물이 있었다는 점이었습니다. 또한 대국 당나라와는 친선이 유난히 돈독했기 때문에 절망적이지는 않았습니다.

삼국통일을 달성하기 위해 김춘추는 치밀한 계획을 준비했습니다.

"우선 당나라와 손을 잡고 고구려와 백제를 몰락시킨 후, 다시 당나라의 세력을 축출해야 한다. 우선은 백제의 세력을 약화시켜야 하리라."

그 당시 백제는 일본과 교류가 많았습니다. 김춘추는 백제의 힘을 약화시키기 위해 일본의 마음을 신라 쪽으로 돌릴 필요를 느꼈습니다. 그리하여 많은 선물을 준비해 일본으로 건너갔습니다. 일본의 조정에서는 김춘추의 수려한 외모와 선물에 끌렸습니다. 김춘추의 외교는 백제를 지원하려던 일본의 마음을 충분히 약화시켜 놓았습니다.

다음 전략으로 김춘추는 전쟁시에 군사를 보내 줄 것을 당나라에 요청했습니다. 당 태종은 이를 흔쾌히 승낙하였습니다.

김춘추가 활약하는 동안 김유신은 백제로부터 20여 개의 성을 빼앗는 등 많은 전과를 올렸습니다.

한편, 654년 진덕 여왕이 세상을 떠나자 조정에서는 그를 왕으로 추대했습니다.

왕위에 오른 김춘추는 삼국통일의 야망을 실현하기 위해 더욱 매진하였습니다. 이리하여 660년 김춘추는 당과 연합하여 부패하고 문란한 백제를 토벌하기 시작하였습니다. 놀이에 빠져 있던 의자왕은 678년에 나당 연합군에게 무릎을 꿇고 말았습니다.

이후로도 김춘추는 삼국통일을 위해 힘썼으나 661년 58세를 일기로 세상을 떠나고 말았습니다.

삼국통일을 계획하고 열정을 쏟아부었던 김춘추의 노력은 통일신라로 가는 문을 활짝 열어 놓았습니다. 비록 생전에는 통일을 이루지 못했지만, 그의 아들 문무왕이 아버지의 위업을 이어받아 결국 삼국통일을 이루었던 것입니다.

선비의 절개를 지킨 정인보

암울한 시대에 대쪽 같은 절개로 이름을 떨친 정인보는 1893년 서울에서 태어났습니다. 아버지가 서른여덟, 어머니가 마흔이 되던 해에 처음 본 아들이었습니다. 정인보가 태어나자 그의 부모들은 더할 나위 없이 기뻐했습니다.

하지만 강보에 싸인 젖먹이 정인보는 큰어머니의 손에 옮겨져야 했습니다. 돌아가신 큰아버지에게 아들이 없어 양자로 들어가야 했던 것입니다.

정인보의 집안은 조상 대대로 높은 벼슬을 지냈던 이름있는 가문이었습니다. 하지만 정인보의 집안은 어머니의 삯바느질로 연명해야 할 만큼 가난했습니다. 선조들 모두 청렴해 재산을 모으지 못한 때문이었습니다.

어린 정인보는 아버지로부터 한문을 익혔습니다. 13세 무렵에는 강화도에 가서 이건방이라는 사람의 제자가 되어 글도 배웠습니다.

"그 아비에 그 자식이다."

정인보 가문의 내력을 알고 있던 사람들은 정인보의 강인한 성품을 흔히 그렇게 칭찬하였습니다. 정인보 역시 대쪽 같은 선비기질을 타고난 것입니다.

1910년, 일본과 맺어진 을사조약으로 우리 나라는 주권을 상실하였습니다.

"나라를 잃었는데 책을 들여다볼 겨를이 어디 있는가!"

이렇게 자신이 나아갈 길을 정한 정인보는 국제 정세를 살피고자 중국 상해로 망명하였습니다. 상해에서 정인보는 신채호, 박은식 등의 독립 투사들과 광복 운동을 하였습니다. 그러다 부인의 갑작스런 죽음으로 슬픔에 젖은 채 귀국길에 올랐습니다. 귀국 후, 정인보는 국내에서 비밀리에 독립 운동을 펴다가 여러 차례 옥고를 치렀습니다.

1922년부터는 서울의 여러 학교를 돌며 한학과 역사학을 가르쳤습니다. 한편 신문사에서 겨레의 얼을 살리기 위한 논설을 쓰기도 하였습니다.

여러 활동을 하면서도 집 한 칸 마련하지 못했지만 그의 셋집에는 언제나 학생들과 뜻이 맞는 사람들로 북적거렸습니다.

일정한 벌이도 없던 그는 신문과 잡지에 글을 내서 원고료를 받아 생계를 꾸렸습니다. 그의 자녀들은 수업료를 못내 결석하기 일쑤였고, 밥을 굶는 일도 다반사였습니다. 그런데도 정인보는 원고료가 생기면 서슴지 않고 학생을 위해 써버렸습니다. 가난한 학생들이 찾아오면 잠자리를 내주었고 글을 가르치기도 하였습니다. 학생들을 위한 일이 곧 겨레의 얼을 살리는 길이라고 생각했던 것입니다.

그의 아저씨 뻘 되는 정만조가 친일단체인 경학원의 대제학

이 되었을 때였습니다.

"동래 정씨 가문에서 대제학이 된 것은 내가 두 번째로구나."

그는 정인보에게 자랑스럽게 말했습니다.

"나는 그런 대제학 열 개를 갖다 준대도 안 한다."

정인보는 이 한 마디를 내뱉고는 돌아섰습니다.

1940년 그의 절친한 친구인 육당 최남선이 친일파로 돌아섰습니다. 정인보는 상복을 차려 입고 최남선의 집을 찾아갔습니다.

"내 친구는 죽었도다."

정인보는 최남선 앞에서 통곡하였습니다.

한 번은 최남선이 반성하는 모습으로 정인보의 집을 찾아오자 이를 축하하며 설렁탕을 대접해 주었습니다.

최남선이 그 후 다시 친일 행위를 하고 그의 집을 찾아왔을 때였습니다.

"지나가는 길에 들렀네. 냉수 한 그릇만 먹고 가겠네."

최남선은 성큼 방안으로 들어와 인사를 하였습니다.

"나라를 팔다 죽으면 목이 마를 만도 하지. 또 장사를 지내줘야 되겠구만, 쯔쯧."

정인보는 팔짱만 낀 채 외면하였습니다.

정인보는 때때로 비문 같은 글을 써주고 사례로 받은 돈으로 생계를 이었습니다. 한 번은 마음에 들지 않은 사람이 비문을 써 달라고 부탁하며 꿀 한 병을 놓고 갔습니다. 정인보는 꿀병을 보란 듯이 대문간에 매달아 놓았습니다. 그리고 자녀들에게 말하였습니다.

"꿀병에 절대로 손대서는 안 된다."

그 후 비문을 부탁한 사람이 찾으러 왔습니다.

"자네 꿀은 저기 걸려 있네. 가져가게."

이처럼 옳지 않다고 생각되는 일은 절대 하지 않았던 정인보였습니다.

1945년 8월 15일, 정인보는 어려운 세월을 견디며 광복을 맞이하였습니다. 일제 시대에 남달리 깨끗한 삶을 산 그는 남조선 민주 의원을 맡았고, 전 조선 문필가 협회장에 올랐습니다.

1948년 8월, 건국과 함께 그에게 감찰 위원장이란 벼슬이 주어졌습니다.

감찰 위원장 시절, 둘째 아들이 결혼하게 되었습니다.

어느 날 그는 감찰위원인 김법린의 팔을 끌며 말했습니다.

"함께 갈 데가 있으니 잠깐 시간 좀 내주시오."

김법린은 조선 일보사 강당에 이르러서야 정인보 아들의 결혼식이 있음을 알았고, 난데없이 주례를 맡게 되었습니다. 그러니 친척인들 제대로 결혼식에 참석할 턱이 없었습니다.

그 후 정인보는 감찰 위원장을 사직하고 남산동 집에서 국학 연구에 마지막 힘을 쏟았습니다.

그러다 육이오가 터졌고 정부 요인들은 모두 남쪽으로 도망갔습니다. 부통령 이시영이 그에게 피난할 것을 권유하였습니다.

"나는 민중들과 생사고락을 같이 하겠소."

이 말을 남긴 그는 끝내 피난을 가지 않았습니다.

이 후 인민군들은 그를 요인으로 지목해 납북하였습니다. 정인보는 납북된 지 3개월 만에 모진 고생을 하다가 초산의

병원에서 세상을 떠났습니다.
 정인보의 이러한 선비 정신이야말로 나라를 지켜 온 우리 겨레의 얼입니다.

태평 시대를 이룬 성종

태평 시대의 임금인 성종은 밤이 되면 가끔 평민 차림을 하고 서울 거리를 둘러보았습니다. 임금의 얼굴을 알아보는 사람은 가까이 모시는 신하들뿐이니, 성종을 알아보는 백성은 아무도 없었습니다.

　그 날 밤에도 성종은 등불을 든 동자 하나를 앞세우고 거리를 걷고 있었습니다. 그러다 글 읽는 소리에 이끌려 그 곳으로 발길을 옮겼습니다.

　슬며시 문틈으로 들여다보니 한 노인이 무릎을 꿇고 앉아 책을 읽고 있었고 그 옆에는 20세 안팎의 청년 하나가 있었습니다. 성종은 거침없이 대문을 열고 그 집 안으로 들어섰습니다. 글 읽던 노인은 밤중에 사람이 들어오니 깜짝 놀랐습니다.

　"뉘신데 이렇게 깊은 밤중에 누추한 집을 찾아오셨습니까?"

　노인은 성종에게 공손히 말하였습니다.

　"예, 저는 어느 시골에 사는 이서방이라고 하온데, 이 곳을 지나다가 듣게 된 글 읽는 소리가 반가워 잠깐 들렀습니다."

"그러십니까, 저는 신서방이라고 합니다. 며칠 후에 있는 과거를 볼까 하여 이렇게 글을 읽고 있었습니다."

"그러면 왜 젊었을 때 과거를 보시지 않고 이제서야 보려고 하시오?"

"젊어서부터 과거에 응시하였는데 번번이 낙방하여 이래저래 세월이 지나가 버렸습니다. 제가 가르친 제자들 중에는 과거에 급제하여 벼슬길에 오른 사람들이 많습니다. 한데, 팔자란 게 있는 모양인지 저는 실패만 거듭하였습니다. 마지막으로 한 번 더 치러 볼까 하고 이렇게 비장한 마음으로 공부하고 있습니다."

성종은 고개를 끄덕였습니다. 그러면서 선비 옆에 쌓여 있는 책을 하나 집어 들었습니다.

"제가 지은 시요, 변변치 않으나 직접 쓴 글이랍니다."

성종이 책을 펼쳐 보니 글씨와 내용이 훌륭하기 이를 데 없었습니다. 성종은 대번에 그가 학문에 조예가 깊다는 것을 알 수 있었습니다.

'이렇게 뛰어난 인재가 과거에 급제를 못하다니! 이만하면 장원급제감인데, 필경 과거 제도에 결점이 있는 게 아닐까?'

성종은 마음속으로 이렇게 중얼거렸습니다. 그리고 좋은 글 한 편을 외워 보고는 노인에게 말하였습니다.

"저는 글에 대해 잘 모릅니다만, 선생이 이런 문장을 가지고도 아직 벼슬을 못하셨다니 참으로 애석한 일입니다. 이 후 반드시 과거에 응시하십시오. 좋은 일이 있을 듯합니다."

성종은 그 집을 나서다 문득 선비의 궁색한 살림이 걱정되었습니다. 그래서 동자를 시켜 쌀 한 섬과 고기 몇 근을 구해

다가 그 집에 몰래 넣어주도록 했습니다.

과거 시험이 있던 날 성종은 외워 두었던 글 제목을 문제로 내었습니다. 과연 그 글이 그대로 쓰여 있는 답안지가 들어왔습니다.

자기 계획이 들어맞자 성종은 기뻐하며 그 시를 장원으로 결정하고 급제자를 불렀습니다.

백발이 성성한 늙은이가 들어오길 기다렸으나, 걸어 들어온 사람은 새파란 청년이었습니다.

성종은 잠시 넋을 잃었다가 한참 후에야 입을 열었습니다.

"그대가 정말 이 시를 지은 사람인가?"

"제가 지은 시가 아니오라 제 스승님이 가르쳐 준 시옵니다. 마침 그 문제가 났기에 그것을 그대로 썼습니다."

"그럼 그대의 스승은 이번 과거를 치르지 않았는가?"

"스승님은 며칠 전에 잡수신 것이 체해 고생하시다가 오늘 아침에 그만 세상을 떠나셨습니다."

청년은 눈물을 흘리며 말하였습니다. 청년의 말을 들은 성종 역시 슬픔에 잠겨 눈물을 흘렸습니다.

'사람에겐 제각기 운명이 정해져 있구나. 이번에야말로 그가 급제를 할 시기였는데……. 쌀과 고기를 주었더니 그것에 체하여 과거를 치르지도 못하고 죽고 말았구나!'

성종은 그의 죽음을 매우 애석해 했습니다.

훈구 세력을 견제하기 위해 신진 세력을 등용하였던 성종은 이렇듯 야행을 하여 인재를 고르기도 하였습니다.

1457년, 성종은 세조의 맏아들 의경 세자와 세자빈 한확의 딸 한씨의 둘째 아들로 태어났습니다. 그는 태어난 지 두 달도

못 되어 아버지 의경 세자가 죽자 세조의 손에서 자랐습니다.
　성종은 다섯 살 되던 1461년 세조에 의해 자산군(자산군이라 하였다가 후에 자을산군으로 고쳤음)에 봉해졌습니다. 열 살 때에는 당시 영의정으로 있던 한명회의 딸과 결혼하였습니다.
　어려서부터 재주가 남달랐던 성종은 한번 보고 들은 일은 잊어버리는 법이 없었습니다. 게다가 천성이 부지런하여 책을 손에서 놓아 본 적이 없었습니다. 재주가 있고 마음이 너그러운 성종은 세조가 특별히 사랑하였습니다.
　어느 날 어린 성종은 형인 월산군과 같이 대궐 안에서 놀고 있었습니다.
　그 때 별안간 소나기가 내리고 번개가 번쩍이더니 백충신이라는 사람이 벼락에 맞아 죽고 말았습니다. 주변에 있던 사람들은 모두 정신이 나가 엎드렸습니다. 그런데 성종만이 얼굴빛 하나 변하지 않고 태연했습니다. 세조가 이를 보고 크게 감탄하였습니다.
　"자산군은 태조 대왕을 꼭 빼닮았어! 장차 큰 인물이 될 것이오!"
　성종의 아저씨 되는 예종은 본래 몸이 허약했습니다. 그는 임금이 된 후에 나라 일을 감당하지 못할 만큼 쇠약해져 결국 왕위에 오른 지 1년도 넘기지 못하고 세상을 떠나게 되었습니다. 그에게는 아들이 없어, 이번엔 성종의 형님인 월산 대군이 임금이 될 차례였습니다. 하지만 당시 왕위를 결정할 권한을 쥐고 있는 윤씨는 둘째 손자인 성종을 임금으로 정하였습니다. 비 내리던 날 벼락 앞에서도 꼼짝하지 않던 성종의 비범함을 높이 산 때문이었습니다.

성종은 예종의 뒤를 이어 조선의 9대 왕이 되니, 그 때 나이 13살이었습니다.

학문을 좋아했던 성종은 학자들과 토론하고 교육을 장려하였습니다. 그는 성리학, 제자백가, 음악에도 조예가 깊었으며 활 쏘기, 서예, 그림 그리는 데에도 상당한 실력을 갖추고 있었습니다.

1479년 성종은 좌의정 윤필상을 도원수로 삼아 압록강 건너편에 살고 있는 오랑캐들을 정벌하였습니다.

1491년에는 함경도 관찰사 허종을 도원수로 삼아 두만강 건너 모든 이민족들을 정벌하였습니다. 이로 인해 조선 초부터 끊임없이 우리 나라 국경을 침범하는 세력들을 완전히 소탕하기에 이르렀습니다.

이리하여 성종은 조선 왕조의 전반적인 체제를 완성시켰으며, 백성들은 나라가 세워진 이래 가장 태평한 세월을 맞이할 수 있었습니다.

하지만 태평성대는 퇴폐적인 풍조를 가져오기도 하였습니다. 성종 자신도 연일 잔치를 열어 유흥을 즐겼고 나라 전체가 술렁이기 시작했습니다.

자주 궁을 빠져나가던 성종은 규방 출입이 잦았습니다. 이 때문에 왕비 윤씨가 성종의 얼굴을 손톱으로 긁은 사건이 일어나기도 했습니다.

결국 윤씨는 왕비의 자리에서 쫓겨나고 말았습니다. 이것은 훗날 연산군에 이르러 갑자사화를 일으킨 불씨가 되기도 했습니다.

그러나 백성들을 위해 선정을 베풀었던 성종에게 이러한 문

제는 극히 사소한 부분이었습니다.

  성종 19년 12월 21일, 형인 월산 대군이 세상을 떠나자 성종은 식음을 전폐하고 슬퍼하였습니다. 이 후 월산 대군의 부인 박씨마저 죽자, 성종은 인생이 무상하다는 것을 깨닫고 조용히 남은 인생을 보냈습니다.

  그러다가 성종은 1494년 38세의 나이로 세상을 떠났습니다.

'한국 환상곡'의 작곡가 안익태

애국가를 작곡한 안익태는 1905년 평안남도 평양시에서 태어났습니다. 평양시에서 여관을 경영하였던 그의 집은 꽤 부유한 편이었습니다.

선천적으로 음악적 재능을 지닌 안익태는 여섯 살에 음악가가 되려는 꿈을 가지게 되었습니다.

어느 날 어린 안익태는 아름다운 찬송가에 이끌려 예배당을 찾아간 적이 있었습니다.

"이 노래 소리는 정말 아름다워, 따라 불러야지."

얼굴에 호기심이 잔뜩 어린 안익태는 사람들과 함께 노래를 불렀습니다. 그 날 이후 어른들 몰래 날마다 교회에 나가 노래를 불렀고 풍금을 치는 법도 배웠습니다.

이듬해에는 큰형이 도쿄에서 첼로를 사다주었습니다. 첼로를 6개월 정도 연습한 안익태는 어느덧 찬송가를 연주할 정도로 음악에 매혹되었습니다.

1914년 평양 종로 보통 학교에 입학한 안익태는 학교 취주

악대의 트럼펫 소리에 매료되었습니다. 트럼펫 소리를 듣는 순간부터 안익태는 그 악기를 직접 다루고 싶은 마음이 굴뚝 같았습니다.

"아버지, 트럼펫 소리를 들어 보면 아시겠지만 그 소리는 너무 아름답습니다. 그것을 사주신다면 앞으로 열심히 공부하겠어요."

안익태가 매달리다시피 애원하자 아버지는 그 부탁을 들어주었습니다. 그 후부터는 학예회 때마다 트럼펫을 들고 자신의 음악적 재능을 마음껏 발휘했습니다.

1918년 숭실 중학에 입학한 안익태는 매주 한 번씩 집에 있는 축음기를 학교에 가져가 음악 감상회를 여는 등 그의 음악 활동은 열을 더해갔습니다.

어릴 때부터 자존심과 정의감이 강한 그는 숭실 학교에서 친일 교사를 배척하는 주동자가 되었습니다.

이 일 때문에 정학 처분을 받게 되자, 본격적인 항일 운동에 나서 1919년 3월 1일 이후에는 일본 경찰에 쫓기게 되었습니다. 결국, 당시 숭실 학교 교장이었던 마우리 박사의 주선으로 일본 유학길에 오르게 되었습니다.

일본으로 건너간 안익태는 1921년 어렵게 도쿄 세이소쿠 중학교에 음악 특기자로 입학하였습니다.

중학교를 다니던 시절, 안익태는 음악 연주회를 보러 가고 싶었지만 돈이 없었습니다. 그럴 때면 극장 밖에서 서성거리다가 연주회가 끝나길 기다렸습니다. 그러다 극장 밖으로 나오는 사람들에게 연주회에 대해 이야기를 듣는 것으로 위안을 삼곤 했습니다.

중학교 5학년을 마친 안익태는 일본 국립 음악 학교에 입학하여 본격적인 음악 공부를 했습니다.

음악 학교 재학중에는 지도 교수의 도움으로 일본 각지에서 첼로 독주회를 가졌습니다. 이 때 안익태는 첼로 독주회를 성공적으로 마치고 음악에 대해 자신감을 얻게 되었습니다.

"어떠한 일이 있어도 훌륭한 음악가가 되겠다."

그 후 안익태는 음악 공부에 더욱 전념하였습니다.

1928년 본과 2학년이 될 무렵, 아버지가 세상을 떠나자 집안 형편이 갑자기 기울어지기 시작하였습니다. 학비를 댈 길이 없어 도쿄 회관이라는 양식집에 나가 첼로를 연주하며 생활을 꾸려 가기도 하였습니다.

도쿄 음악 학교를 졸업한 후, 안익태는 조국으로 돌아왔습니다. 그러나 일제의 탄압이 심해 평양에서 가지려던 독주회마저 열 수가 없었습니다.

"조국이 독립하기 전에는 다시 돌아오지 않겠다."

그는 이런 신념을 가지고 미국으로 건너갔습니다.

미국에 도착한 안익태는 샌프란시스코 한인 교회를 먼저 찾아갔습니다. 그 곳에서 그는 일제의 탄압 때문에 쫓겨난 동포들을 보며 한없이 눈물을 흘렸습니다. 한인 교회의 게양대에서 펄럭이는 태극기를 처음 보았을 때에는 벅찬 감격에 말을 잊기도 하였습니다.

'이역만리에서도 태극기는 휘날리고 있다! 언젠가는 애국가를 작곡하리라!'

1935년 필라델피아 음악 대학을 졸업한 안익태는 작곡에 힘을 쏟았습니다. 그 후 뉴욕 교향악단이 주최하는 콩쿠르에

'한국환상곡'을 작곡하여 참가하였습니다. 하지만 미국인 단원들은 성의없이 그의 곡을 연주하였습니다. 참다 못한 안익태는 연주 도중 퇴장하고 말았습니다.

'미국은 고전 음악의 본고장이 아니다! 하루라도 빨리 유럽에 가서 새롭게 음악을 공부해야겠다!'

1936년 안익태는 꿈에도 그리던 유럽으로 건너가게 되었습니다. 그는 독일의 베를린에 도착해서 리하르트 시트라우스의 제자가 되었습니다.

안익태는 히틀러 치하의 독일에서 일본 붐이 일어나는 것을 보았습니다. 그는 불현듯 조국에 대한 애착심과 애국가를 작곡해야 한다는 생각이 들었습니다.

"우리 나라는 우리 나라에 맞는 애국가가 있어야 해! 새롭게 아름다운 애국가를 만들어 보리라!"

1936년 6월은 우리의 애국가가 탄생한 역사적인 해가 되었습니다.

1939년에 안익태는 부다페스트 국립 음악 학교에서 공부하고, 지휘자가 되어 각국을 순례하면서 교향악단의 연주를 이끌었습니다.

그 뒤 영국의 로열 필하모닉, 이탈리아의 로마 교향악단을 비롯하여 각국의 유명한 2백여 교향악단을 지휘하는 등 세계적으로 명성을 떨쳤습니다.

안익태는 어떤 교향악단에서든지 항상 스스로 작곡한 '한국환상곡'을 첫머리에 넣어 지휘하였습니다. 우리 나라를 세계 만방에 알리고 싶은 애국심의 발로였습니다.

수많은 나라의 교향악단을 이끌고 우리의 애국가를 지휘하

던 안익태는 스페인 바로셀로나 병원에서 세상을 떠났습니다. 이 때, 그의 나이 59세였습니다.

애국가에 나라 사랑하는 마음을 담았던 안익태는 많은 사람들에 의해 기억되고 있습니다. 그리하여 1957년 안익태에게는 문화포상이 수여되었고, 그 후 문화 훈장 대통령장이 수여되기도 했습니다.

민족을 위해 몸바친 삶 남강 이승훈

"내가 죽어서 나라를 위해 할 수 있는 일이 하나 남았다. 그것이 마지막이 될 것이다. 내 시체를 땅 속에 묻지 말라. 학생들이 연구할 수 있도록 표본으로 만들어 오산 학교에 영구히 보존하라."

이 말은 민족을 사랑하고 조국의 독립을 한시도 잊어 본 적이 없는 남강 이승훈 선생의 유언입니다.

그는 3·1운동 당시 민족대표 33인 중의 한 사람으로 기독교계의 대표였습니다.

이승훈은 1864년 평안북도 정주읍에서 태어났습니다. 그런데, 이승훈을 낳은 지 여덟 달 만에 불행하게도 그의 어머니는 세상을 떠났습니다. 그리하여 이승훈은 어머니의 정도 느끼지 못한 채 할머니의 품에서 자랐습니다.

어린 시절 집안은 매우 가난하였습니다. 책과 종이를 친구들에게 빌려서 공부를 해야 할 정도였습니다. 이승훈은 글방 월사금도 제때 내지 못했습니다. 하지만 글방 훈장과 글동무들은 행실이 착하고 영리한 그를 매우 좋아했습니다.

이승훈이 겨우 열 살 되던 해에 할머니가 돌아가셨습니다. 뒤이어 두 달도 채 못 되어 아버지마저 여읜 승훈은 의지할 곳 하나 없는 고아가 되고 말았습니다.

"네가 참 딱하게 됐구나. 그렇지만 용기를 잃지 말아야 한다. 부지런하고 정직하게 살면 언젠가는 보답이 돌아오는 게 세상의 이치란다."

사람들은 이렇게 승훈을 위로해 주었지만, 누구 하나 금전적인 도움을 주진 못했습니다.

10살이란 어린 나이에 고아가 된 승훈은 놋그릇 공장에서 일을 하게 되었습니다. 큰 놋그릇 공장을 가지고 있는 임일권이란 이가 승훈을 자기 공장의 심부름꾼으로 써 주었던 것입니다. 승훈은 공장에서 잔심부름을 하며 틈틈이 글공부도 하였습니다.

'놀고 먹는 양반보다 열심히 땀 흘리며 사는 공장 사람들이 훨씬 귀하다.'

승훈은 부지런히 일하며 정직하게 살아야겠다고 마음 먹었습니다. 어려서 불행을 겪은 승훈이었지만 조금도 비굴하지 않은 자립 정신이 강한 소년이기도 했습니다. 심부름꾼에 지나지 않았지만 남에게 굽실거리지 않는 늠름함이 있었던 것입니다.

15세 때에 결혼을 한 승훈은 그릇 파는 장사를 시작하였습니다. 그리고 24세 때에는 놋그릇 공장과 상점을 차리기에 이르렀습니다.

그러나 1894년 청일전쟁으로 가게가 불타고 말았습니다. 이

승훈은 이에 좌절하지 않고 다시 일어섰습니다.

　남에게 신뢰감을 주는 그의 정직한 성품 덕에 사업은 날로 번창해 갔습니다.

　사업이 잘 된다고 승훈의 마음이 편한 건 아니었습니다. 이 시절 우리 나라는 일제에 의해 수난을 당하고 있었습니다.

　1905년 을사 조약이 체결되자 민영환은 스스로 목숨을 끊었습니다. 나라 방방곡곡에서는 의병이 일어나 일본군과 싸웠습니다. 그리고 임금인 고종 황제가 왕위에서 물러나기까지 했습니다.

　'나라가 없으면 민족도 나도 있을 수 없다! 먼저 나라를 지켜야 한다. 그러기 위해 백성 한 사람 한 사람 새로운 교육으로 강한 사람이 되어야 한다. 그래야만 나라가 다시 설 수 있을 것이다.'

　이승훈은 위태로운 나라를 구하는 길이 교육에 있다고 생각하고 먼저 서당을 고쳐 강명 의숙을 세웠습니다. 도산 안창호와 협력하여 오산 학교를 세우는 데 자기의 전 재산을 아낌없이 바치기도 했습니다.

　이승훈이 세운 학교에서 많은 독립 운동가들이 나왔습니다. 당연히 일제는 이승훈을 눈에 가시처럼 여겨 호시탐탐 체포할 기회만 노렸습니다.

　1910년 드디어 강제로 한일합방을 이룬 일본은 무고한 독립 지사들을 잡아들이기 시작했습니다.

　이승훈은 '105인 사건'과 '3·1운동' 등 두 번의 독립 활동으로 9년이나 죄 없이 옥살이를 하기도 하였습니다.

　105인 사건으로 감옥에서 이루 말할 수 없이 고생을 한 이승

훈은 독립 운동을 향한 의지를 새롭게 하였습니다.

"감옥은 참 이상한 곳이오. 어떤 사람은 썩어 나오고, 어떤 이는 강철같이 더 단단해져 나오거든. 감옥에 갇힌 수많은 애국 지사들을 남겨 두고 나올 때가 오히려 더 괴로웠소. 발걸음이 떨어지질 않습디다."

10년형을 선고 받고 4년 2개월 만에 나오면서 이승훈이 한 말입니다.

이 후 이승훈은 세례를 받은 뒤, 신학을 공부하여 목사가 되었습니다.

1919년 2월, 비밀리에 3·1운동의 분위기가 무르익어 갔습니다. 이승훈은 서울과 평양을 오가며 많은 사람들에게 참여할 것을 호소하였습니다.

"이번 일에 우리 민족의 생사가 달려있습니다. 민족이 사는 길에 우리 모두 동참해야 합니다."

2월 28일 밤, 3·1운동을 계획한 민족 대표들은 독립 선언을 인사동 태화관에서 하기로 결정하였습니다.

3월 1일 오후 두 시경, 민족 대표들은 독립 선언을 하고 만세 삼창을 불렀습니다. 그러나 일본 경찰들은 기다리기나 했다는 듯 이들을 모조리 체포했습니다.

이승훈은 3년이나 감옥에 있으면서 동지들을 위해 궂은 일을 도맡아 했습니다. 매일 성경을 읽으면서 나라의 장래를 위해 기도하였습니다.

이승훈은 1922년 7월에야 옥살이에서 풀려났습니다. 고향으로 돌아간 그는 오산 학교를 위해 온 심혈을 기울였습니다.

1930년 5월, 오산 학교에는 이승훈의 동상이 세워졌습니다.

"난 지금까지 아무 것도 한 일이 없소. 다만 하나님이 이끌어 주셨을 뿐이오."

이승훈은 자기의 뜻을 기리는 자리에서 겸손하게 말하였습니다.

며칠 뒤 이승훈은 갑자기 협심증으로 그토록 원하던 조국 광복을 못 본 채 세상을 떠나고 말았습니다.

1930년 5월, 그의 나이 67세였습니다.

1962년 나라에서는 그의 공을 기리어 '건국 훈장 대한 민국장'을 추서(죽은 뒤 공훈에 따라 훈장을 줌)했습니다.

올곧은 암행어사 박문수

1691년 숙종 17년에 박문수는 경상북도 고령에서 박항한의 둘째 아들로 태어났습니다.

할아버지 대까지 높은 벼슬을 지낸 집안이었지만 아버지는 벼슬을 마다하고 시골에서 살면서 학문에만 전념하였습니다. 그의 집은 조그마한 땅에 농사를 지어 겨우 생계를 이어갔습니다.

25세 때, 처음으로 과거를 보았으나 낙방하고 고향에서 한동안 서당 훈장을 지냈습니다. 그 후 28세가 된 박문수는 다시 과거 시험을 치렀지만, 또 낙방하고 말았습니다. 집념이 강한 박문수는 두 번의 실패에도 굴하지 않고 도전하여 마침내 32세에 과거에 합격하게 되었습니다.

어린 시절부터 박문수는 집념이 강한 아이로 소문이 자자했습니다. 벼슬에 있을 때에도 주위 사람들로부터 존경을 한 몸에 받았습니다. 한번 맡은 일은 끝까지 해내고야마는 그의 기질은 암행어사가 되어서 더욱 빛이 났습니다.

일찍이 영조가 암행어사라는 벼슬을 내린 것도 박문수의 강한 집념을 알아보았기 때문이었습니다.

"그대의 재주는 조정의 으뜸이라! 이번에 암행어사를 제수(벼슬에 천거하는 절차를 밟지 않고 임금이 직접 벼슬을 내림)하니, 지방 관리들의 잘잘못을 낱낱이 가린 다음 보고하도록 하시오."

영조 21년, 이렇게 하여 박문수는 암행어사가 되었습니다.

암행어사가 된 박문수는 백성들의 어려움을 몸소 체험하였습니다. 무엇보다 백성들은 무거운 세금 때문에 괴로워하고 있었습니다. 이에 박문수는 불합리한 세금 제도를 고치고자 팔을 걷어 붙이고 나섰습니다.

박문수는 탐관오리를 색출하는 데에 비상한 재주를 가졌습니다. 그러다 보니 사리사욕에 눈이 먼 벼슬아치들은 박문수를 두려워하고 모함했습니다. 이로 인해, 한 때 박문수는 호조판서에서 충주 목사라는 낮은 벼슬로 밀려나기도 했습니다. 그러나 벼슬의 높고 낮음에 개의치 않고 박문수는 묵묵히 맡은 일에 충실했습니다.

박문수는 공과 사의 구별이 뚜렷하였습니다. 소론인 박문수는 노론인 조관빈이라는 사람과 원수처럼 지냈던 적이 있었습니다.

그러던 어느 날 조관빈이 죄도 없이 사형에 처해지게 되었습니다. 신하들은 하나같이 그를 죽여야 한다고 주장했습니다. 그런데, 어찌된 일인지 박문수만은 이에 반대하고 나섰습니다.

"조관빈은 절대로 죽을 정도의 죄는 짓지 않았사옵니다. 그

러니 그를 풀어 줌이 마땅한 줄로 아옵니다."

둘의 사이가 좋지 않다는 사실을 알고 있던 영조는 그런 박문수가 퍽 이상히 생각되었습니다.

"그대는 조관빈과 원수 사이가 아니던가? 그런데 왜 그를 두둔하고 나서는가?"

"그것은 개인적인 일이지 공적인 일이 아니옵니다. 제가 조관빈을 죽이려 한다면, 그것은 사사로운 원한 관계를 풀고자 저지른 일에 불과할 것입니다. 이는 제가 바라는 바가 아니옵니다."

고개를 끄덕이던 영조는 결국 조관빈을 풀어주었습니다.

박문수는 옳은 일에는 소신을 굽히지 않는 사람이었습니다. 임금 앞에서도 그는 거침없이 행동했습니다.

"대감의 어전 행동이 불손한 것 같소."

보다 못한 우의정이 박문수에게 충고하였습니다.

그러자, 박문수는 이렇게 되받았습니다.

"상감 마마께 말씀드릴 때 고개를 숙이는 것은 아첨배들이나 하는 짓이라고 생각하오."

1724년 박문수는 당파 싸움에 억울한 누명을 쓰고 벼슬에서 물러나야 했습니다. 하지만 박문수를 남달리 총애했던 영조는 그를 다시 관직으로 불러들였습니다. 이 후 박문수는 이인좌의 난을 평정한 공으로 경상도 관찰사로 부임하였습니다.

그 당시 백성들은 벼슬아치를 두려워하고 또 미워하였습니다. 어느 고을에서 박문수는 관리들의 농간에 의해 옥에 갇힌 죄수들을 풀어주며 농사를 짓게 했습니다. 하지만 죄수들은 박문수의 말조차 믿지 못하고, 모두 산 속으로 도망쳐 버렸습니다.

　박문수는 직접 고을을 돌며 백성들을 설득하였습니다.

　"나는 그대들이 안심하고 농사를 지을 수 있게 도와 주려고 온 사람이다. 양식이 떨어진 사람에게는 돈이나 곡식을 나누어 줄 것이다."

　백성들은 그의 말을 비웃었습니다.

　"억지로 곡식을 꾸어준 후에 이자나 받아먹으려고······."

　백성들의 이 말은 사실이었습니다. 당시 관리들은 먹을 것이 모자란 철에 곡식을 꾸어주고 후에 받는 환곡이란 제도를 악용했던 것이었습니다. 이자를 터무니 없이 많이 받는가 하면, 백성들이 갚은 것을 슬쩍 먹어치우는 일도 다반사였습니다.

　"어쩌다 백성들이 관리들을 이토록 의심하게 되었는고!"

　박문수는 장탄식을 하였습니다. 그러나 박문수는 곡식을 직접 갖고 다니면서 필요한 사람에게 나누어 주는 등 백성들을 위해 헌신했습니다. 그제서야 백성들은 박문수를 믿게 되었습니다. 자신들의 고통을 덜어 주려는 박문수의 진실한 마음을 알았던 것입니다.

　백성들 편에 서서 탐관오리를 벌한 박문수의 재미난 일화들은 오늘날까지 전해져 내려오고 있습니다.

　백성들의 어려운 일과 괴로운 일을 척척 해결했던 박문수의 올곧은 삶은 후세에도 끊이지 않고 사람들의 입에 오르내릴 것입니다.

일본 문화의 시조  왕인 박사

인에 대한 기록은 우리 나라 역사 책에서는 찾아 볼 수 없습니다. 다만 일본의 역사 책인 〈고사기〉와 〈일본서기〉에서 찾아 볼 수 있습니다.

거기에는 왕인이 일본의 문화 발전에 크게 기여한 인물로 기록되어 있습니다. 일본 문화의 시조라 불리우는 왕인은 현재까지 일본 역사 학자들에게 존경을 받고 있습니다.

왕인이 일본으로 건너간 시기는 백제가 고구려와 신라의 침략을 받아 위기에 처해 있을 때였습니다. 당시 고구려는 신라와 동맹을 맺어 백제를 자주 공격하고 있었습니다.

고구려 광개토왕은 백제의 근초고왕에게 패하여 목숨을 잃은 고국원왕의 손자였습니다.

"백성들이 잘 살게 되었으니, 이젠 할아버지의 원수를 갚을 수 있게 되었도다."

19세의 나이로 왕위에 오른 그는 어려서부터 할아버지의 복수를 꿈꾸며 자랐습니다. 그리고 고구려의 영토를 넓히기 위

해서 백제를 침략하기로 계획하였습니다.

"먼저 백제를 쳐부수고 광활한 중국 대륙으로 진출하리라!"

광개토왕은 392년 7월에 막강한 군대를 거느리고 백제를 치러갔습니다.

고구려에 대항했던 백제 아신왕은 속수무책으로 당하기만 하였습니다. 전쟁에서 패배한 백제는 고구려에게 10개의 성을 빼앗기고 말았습니다.

아신왕은 빼앗긴 성을 되찾기 위해 직접 군대를 이끌고 고구려를 공격하러 나섰습니다. 하지만 도중에 큰 눈을 만나 싸움 한 번 벌이지 못한 채 돌아와야 했습니다.

백제는 군사를 움직이느라 너무 많은 힘을 소모했습니다. 이 때에 고구려와 우호 관계에 있던 신라는 호시탐탐 백제를 위협했습니다. 아신왕은 커다란 위기감에 사로잡혔습니다.

"상감 마마, 우리 나라는 일본과 동맹을 맺어야 하옵니다. 그렇게만 된다면 고구려와 신라는 더 이상 우리 나라를 넘보지 않게 될 것이옵니다."

많은 신하들은 아신왕에게 이렇게 아뢰었습니다.

하지만 일본과 동맹을 맺는 일은 쉽지만은 않았습니다. 적극적인 우호관계를 맺으려면 백제의 태자를 일본에 보내야만 했기 때문이었습니다.

위기에 처한 백제는 나라를 구하기 위해 여러 모로 방법을 모색하였습니다. 마침내 백제 아신왕은 태자 전지를 일본 응신왕에게 보내기로 결정하였습니다.

402년 태자를 보낸 백제는 다시 옷 깁는 공녀와 아직기를 일본에 파견하였습니다. 아직기는 백제에서 보낸 밀사였는데 말

두 필과 거울을 가지고 가서 일본의 응신왕에게 주었습니다.
"오호, 아름답구료. 거울도 거울이지만, 이 말은 참으로 명마인 듯하오."
"그렇사옵니다. 백제에서도 왕족이나 권세있는 귀족들만이 탄다는 말입니다."
아직기의 이 말에 응신왕은 흡족한 표정으로 고개를 끄덕였습니다.
"한데 말이오, 내가 말을 타는 데 서툴러서……."
"염려 놓으십시오. 소인이 하나에서부터 열까지 가르쳐 드리겠습니다."
기마병을 거느리지 못한 응신왕은 백제의 명마를 받아 정성스럽게 길렀습니다. 또한 아직기는 응신왕의 곁에서 말을 기르고 길들이며 타는 것을 도왔습니다.
칼과 거울을 가져간 이유는 응신왕의 환심을 사기 위해서였습니다. 백제로서는 무엇보다도 일본과 친선 관계를 맺는 게 우선이었습니다. 칼은 제왕의 권위를 상징하는 것이고 거울은 제왕의 지혜를 상징하는 것이었습니다. 일본의 응신왕은 벌어진 입을 다물 줄 몰랐습니다.
아직기는 학문에도 뛰어난 사람이었습니다. 당시 일본 전국은 글을 모르는 문맹 상태였습니다.
"아직기여! 내 그대에게 친히 부탁하는 바이니 부디 태자의 스승이 되어 주오."
응신왕은 아직기를 태자의 스승으로 삼았습니다.
아직기는 일본 학자들에게 한학을 가르치기도 하였습니다. 일본 태자와 학자들의 학문이 날로 높아지자 응신왕은 아직기

의 훌륭한 지도에 존경을 표했습니다.

"나라를 다스리는 데 꼭 필요한 학문을 이렇게 가르쳐 주시니 정말 고맙소."

"저의 학문은 보잘 것 없습니다. 백제에는 저보다 뛰어난 분들이 아주 많습니다."

"아니 그게 정말이오? 그대보다 더 나은 박사가 있다니 믿기지 않소이다."

"왕인이라는 분이 있사온데 학식이 뛰어날 뿐 아니라 덕행도 훌륭한 분이옵니다."

이 말을 들은 응신왕은 두 사람의 사신을 백제에 보내 왕인 박사를 정중히 모셔오게 했습니다. 백제는 일본과 친교 수립을 위해 기꺼이 왕인 박사를 파견하였습니다.

이렇게 해서 맺어진 백제와 일본의 동맹 관계는 백제가 망할 때까지 지속되었습니다. 당시 신라와 고구려 연합군에 맞서 백제와 일본의 연합군이 형성되었던 것입니다.

405년 봄, 왕인 박사는 유교 경전인 논어와 천자문을 가지고 일본으로 건너갔습니다. 문화와 기술 발전에 관심이 많던 응신왕이 백제의 훌륭한 왕인 박사를 모셔간 것이었습니다.

응신왕은 아직기로부터 전해 듣던 왕인 박사를 만나자 무척 환대했습니다. 왕인 박사는 응신왕의 극진한 환영을 받으며 태자의 새로운 스승이 되었습니다.

'태자는 왕인에게서 학문을 두루 배워 통달하지 않음이 없었다.'

일본서기에 이와 같이 적혀 있습니다.

왕인은 태자에게 나라를 다스리는 법을 가르쳤습니다. 그리고 일본의 문화가 꽃피울 수 있도록 여러 분야에 영향을 주었습니다. 또한 일본의 신하들에게 신하의 도리를 가르쳐 주기도 했습니다.

왕인 박사는 시간이 나면 밖에 나가 백성들의 사는 모습을 유심히 살펴보았습니다.

"쯔쯧, 왜 이렇게 삶이 메말랐는가! 노동을 하면서 노래를 부르면 좋지 않은가?"

왕인 박사는 일본인들이 노래 없이 사는 게 힘들어 보인다고 생각하여 노래를 가르쳐 주었습니다. 이렇게 하여 일본에서도 노래 소리를 들을 수 있게 되었습니다.

또 왕인 박사는 백제에 도자기 만드는 기술자들을 보내 달라고 요청했습니다. 왕인을 통해 일본인들은 도자기 만드는 법을 배웠고, 붓글씨까지 배웠습니다.

일본의 응신왕은 때때로 왕인에게 정치에 관한 조언을 구하기도 했습니다. 그러다 보니 일본 문화 곳곳에 왕인의 체취가 스며들지 않은 곳이 없었습니다.

왕인 박사가 전해준 문화와 기술은 일본의 아스카 문화를 꽃피우는 토대가 되었습니다. 문화로는 유교, 불교, 문학 등이었고 기술로는 천문, 직조, 수리, 철물 등이었습니다. 일본 사람들은 왕인 박사를 존경하고 백제를 선진 문화국으로 우러러 보았습니다. 왕인 박사는 일본 사람들을 가르치다 그 곳에서 생애를 마쳤습니다.

조선의 기틀을 닦은 태종 이방원

정종의 뒤를 이은 태종 이방원은 이성계의 다섯째 아들로 태어났습니다. 이방원은 피비린내 나는 골육살상의 쟁탈전 끝에 왕위에 올랐습니다.

조선을 세운 이성계에게는 여덟 명의 아들이 있었습니다. 첫째 아들인 이방우는 명나라에 사신으로 갔다가 돌아오는 길에 아버지가 고려 왕조를 무너뜨리고 왕위에 올랐다는 소식을 들었습니다.

"아버지가 역적이 되시다니……. 아버지일지라도 도저히 용서할 수 없는 일이다."

이방우는 아버지를 부끄럽게 여기고 산 속으로 들어가 버렸습니다.

이방우의 강직한 성품을 대견하게 여긴 이성계는 그에게 왕위를 물려주고 싶었습니다.

하지만 아버지를 고려 왕조의 역적으로만 생각한 이방우는 끝내 모든 것을 뿌리치고 종적을 감춰버렸습니다.

"이젠 돌이킬 수 없는 일이로다."

이성계는 맏아들이 돌아오지 않자 커다란 슬픔에 잠겼습니다. 평소 계비 강씨를 총애하던 이성계는 어쩔 수 없이 막내 아들 방석을 세자로 삼았습니다.

그러나 모든 왕자들은 그 결정에 불평을 하였습니다. 그 중에서도 이성계가 왕이 되는 데 커다란 공로를 세운 이방원은 말할 수 없을 정도로 불평이 컸습니다. 그리하여 이방원은 자기의 뜻을 이루기 위해 하륜, 이숙번, 조영무 등을 모아 세력을 키웠습니다.

이방원은 왕이 되려는 야망에 사로잡혀 수많은 사람들을 숙청하기 시작했습니다. 먼저 개국공신인 정도전과 남은 등에게 왕자들을 죽이려 했다는 죄를 뒤집어씌워 그들을 죽였습니다. 그리고 왕위를 넘보는 강씨 소생의 이복 형제들을 귀양 보냈다가 차후 귀양 길에 오른 그들을 모조리 죽였습니다.

2년 후 자기 형인 방간과 왕위 다툼을 벌인 이방원은 싸움에서 승리하고 형마저 귀양 보냈습니다.

태조는 아들끼리 싸우는 험한 꼴을 더 이상 볼 수가 없어 왕위를 정종에게 팽개치듯 물려주고 함흥으로 들어가 버렸습니다. 원래 권력에 욕심이 없었던 정종도 왕위를 이방원에게 주고 물러났습니다.

이방원은 왕위에 오르기 위해 많은 사람을 죽였지만 효성만은 지극하여 아버지를 모시고 싶은 마음이 간절했습니다. 하지만 태조는 이방원을 임금으로 인정하지 않았습니다.

이방원은 아버지를 모시기 위해 많은 사람을 함흥으로 보내기 시작했습니다. 이 때 함흥으로 간 사람들을 차사라고 불렀

습니다. 함흥에 간 차사들은 이성계가 쏜 활에 모두 죽음을 당했습니다. 오랜 시간이 지난 후, 태조는 평소 절친하던 성석린, 박순, 무학 대사 등의 끈질긴 권유로 한양으로 돌아오게 되었습니다.

 태종은 상왕(이성계)이 돌아온다는 소식을 듣고 몸소 마중을 나갔습니다. 하륜과 많은 신하들을 거느리고 뚝섬 나루까지 갔습니다.

 하얀 차일을 치고 장막을 두르는 등 환영 준비를 서두를 때, 갑자기 하륜이 태종에게 아뢰었습니다.

 "전하, 차일 기둥이 너무 작사옵니다. 보다 큰 나무로 세우고 전하는 그 뒤에서 기다리는 게 좋을 듯합니다."

 지혜 주머니라 일컫는 하륜의 말이라 태종은 두말 하지 않고 아름드리 나무로 차일 기둥을 세우게 하였습니다.

 이윽고 그 곳에 도착한 이성계는 태종의 위풍당당한 모습을 보게 되었습니다.

 "이런 고얀 놈! 네가 무슨 낯으로 여길 나와!"

 말을 채 맺지도 못한 그는 어느 새 활시위를 당겨 화살을 쏘았습니다. 화살은 번개처럼 날아가 차일의 기둥에 꽂혔습니다. 태종은 재빨리 기둥 뒤로 몸을 피하였습니다.

 "하늘이 돕는 놈이라, 어쩔 수 없구나!"

 태조는 화살을 내던지며 말하였습니다.

 태종은 가슴을 쓸어내리며 안도의 숨을 내쉬었습니다.

 "상왕의 노기는 아직 풀리지 않은 것 같사옵니다. 그러니, 술잔을 다른 사람 더러 올리게 하옵소서."

 하륜은 태종에게 귓속말로 속삭이듯 아뢰었습니다.

고개를 끄덕이던 태종은 술은 자신이 따르고 술잔은 사람을 시켜 바치도록 하였습니다. 그러자 이성계는 긴 한숨을 내쉬며 소매 속에서 쇠몽둥이를 내던졌습니다.
"모든 것이 하늘의 뜻이로다."
이성계는 이렇게 말하며 술잔을 비웠습니다. 그리고 옥새를 꺼내어 태종에게 내던졌습니다.
"옛다. 고려 때부터 내려오던 것이다."
이리하여 태조는 한양으로 돌아와서 살다가 74세의 나이로 세상을 떠났습니다.
태종은 강력한 왕권을 확립하여 훗날 세종에게 태평한 나라를 넘겨 주었습니다.
재위중에는 백성들을 위해 놀라울 만큼 선정을 베풀었습니다. 그는 종로 네거리에 신문고를 매달아 놓고 백성들의 억울한 사정을 들어주었고 지폐(종이돈)를 만들어 유통구조를 안정시켰으며, 호패법을 실시하여 조선 왕실의 기반을 확고히 다졌습니다. 태종은 건국 초기에 흔들렸던 국가 기강을 확립한 명군이었습니다.
그는 재위 18년 만에 세종에게 왕위를 물려주고 상왕으로 있기 3년이 되던 해 56세의 나이로 세상을 떠났습니다.

법륭사 금당 벽화를 그린 담징

일본 법륭사의 금당 벽화를 그린 담징은 고구려 승려였습니다. 당시 고구려는 중국 수나라의 침략을 받아 나라의 운명이 위태로웠습니다.

"조국의 운명이 바람 앞에 촛불이거늘, 내 어찌 미술 공부에만 전념하랴!"

조국이 위기에 처하자 담징은 미술 공부를 계속할 수 없었습니다. 전쟁 속에서 고통 받는 사람들이 그의 마음을 뒤흔들어 놓은 것입니다.

"일찍이 부처님은 자비를 가르치셨다. 이제, 이 몸도 부처님의 가르침을 전파하고 중생을 구제하러 나설 때가 왔다."

승려이기도 한 그는 불교를 널리 전파하기 위해 고구려를 떠나기로 결심하였습니다.

백제를 거쳐 신라에 도착한 담징은 불교의 교리를 설파하느라 바쁜 나날을 보냈습니다. 하지만 남달리 예술적 감수성이 강한 그는 그림에 대한 미련을 떨쳐버릴 수가 없었습니다. 그래서 시간이 날 때면 틈틈이 미술 공부에도 신경을 썼습니다.
 신라 사람들은 담징의 그림을 보고 모두 감탄하였습니다.
 "담징 스님의 그림은 신선이 그린 것 같지 않나?"
 "그뿐이겠나? 그림 그릴 때 스님의 모습을 보게. 신선이 아마 그런 자태일 걸세."
 담징의 뛰어난 그림 솜씨는 순식간에 온 신라 안에 퍼졌고 일본에까지 전해지게 되었습니다.
 그러자 일본에서는 그림을 배우기 위해 담징을 정중하게 초청하였습니다. 초청을 받아들이긴 했지만 선뜻 떠날 수가 없었습니다. 일본으로 건너가려던 무렵, 담징은 100만 대군을 거느린 수양제가 고구려를 침략했다는 소식을 들었던 것이었습니다.
 "수나라가 또 조국을 쳐들어온 이 마당에 어떻게 위태로운 조국을 등진단 말인가! 부처님 앞에서는 승려요, 붓을 잡으면 한낱 화공이지만 조국이 위기에 처하면 나라를 지켜야 할 몸인데……."
 망설임 끝에 담징은 국가간의 신뢰를 생각하고 오랑캐들에게 짓밟힐 조국을 뒤로 하며 일본을 향해 떠날 수밖에 없었습니다.
 이렇게 하여 담징은 610년인 영양왕 21년에 법정이라는 제자와 함께 일본으로 건너갔습니다.
 담징은 일본에서 불법을 가르치는 한편, 그림 공부에도 몰두하였습니다. 그러나 위태로운 조국에 대한 걱정 때문에 마음 편할 날이 없었습니다.
 조국에 대한 근심으로 일본이 그려 달라는 법륭사 벽화에는

손도 대지 못했습니다. 금당 벽화를 그리기로 약속한 지도 여러 달이 지났건만, 벽화를 조금도 진행시키지 못했습니다.

시간이 지날수록 담징은 고구려의 아들로서 조국의 운명을 저버렸다는 죄책감에 시달려야 했습니다. 걷잡을 수 없는 마음을 가라앉히기 위해 절 뒤의 넓은 들판을 방황해야만 했습니다.

"스님, 좀 더 기다려 봅시다. 그리하면 그림을 그리게 될 날이 꼭 올 것입니다."

법륭사 주지는 짐짓 담징의 마음을 헤아려 주는 체했습니다. 하지만 죄책감에 사로잡혀 있는 담징은 오히려 그 말이 더 부담스러웠습니다. 고국으로 돌아가야 한다는 생각만 간절할 뿐이었습니다.

아침 일찍 붓을 가다듬고 벽 앞에 설 때면 어김없이 조국에서 풍겨오는 피비린내 때문에 들었던 붓을 내려야 했습니다. 그림을 그리기 위해 염불을 외울수록 살생이 일어나고 있는 조국의 환영은 더욱 선명하게 떠올랐습니다.

그러던 어느 날 잠을 못 이루고 합장을 한 채 앉아 있는 담징에게 법륭사 주지가 찾아왔습니다.

지주와 눈이 마주친 담징은 깜짝 놀라 저도 모르게 합장을 하게 되었습니다. 합장을 마주 하고 난 주지가 조용히 입을 열었습니다.

"이제 스님의 근심은 사라졌소이다. 수양제 군대가 을지문덕 장군에게 패하여 제 나라로 물러갔다고 하더이다."

그 동안 괴로움에 싸여 있던 담징에게 이보다 더 기쁜 소식은 없었습니다.

별안간 희열에 가득찬 담징은 조국에 대한 사랑과 부처님에 대한 감사의 마음이 끓어올랐습니다.

모든 근심이 사라지자 담징은 금당 벽화를 그리기 시작하였습니다.

이리하여 금당 벽화가 비로소 그려지게 되었던 것입니다.

담징은 일본에 불교 경전과 채화를 전했으며 공예, 종이, 먹, 칠, 맷돌 만드는 법을 가르쳤습니다. 당시 일본에서는 담징이 만든 맷돌이 최초였습니다.

담징이 그린 금당 벽화는 중국의 운강석불, 경주의 석굴암과 함께 동양 3대 미술품의 하나로 꼽습니다. 그러나 1949년 수리중에 불타 버려 현재는 모사화만 남아 있습니다.

담징의 작품은 사라졌지만 나라 사랑하는 마음을 예술에 대한 열정으로 승화한 그의 이름은 영원히 남을 것입니다.

한산대첩의 영웅 이순신

이순신은 1545년 서울 건천동에서 태어났습니다. 대제학을 배출한 문신 집안에서 태어난 그는 글과 서예에 뛰어나 학자로서의 소질이 다분했습니다.

그러나 그는 무관에 큰 뜻을 품고 22세부터 무예를 닦는 데 심혈을 기울였습니다. 말 타기, 칼 쓰기, 활 쏘기를 익히고 〈육도삼략〉, 〈손자병법〉, 〈오자병법〉 같은 병법책도 두루 읽었습니다.

그리하여 순신은 32세에 벼슬길에 오르게 되었습니다.

1592년 일본은 20만 대군을 이끌고 조선에 쳐들어왔습니다. 새로운 무기인 조총으로 무장한 왜군은 해일처럼 밀려들었습니다.

부산진 첨사 정발과 동래 부사 송상현이 죽기를 각오하고 싸웠지만, 왜군의 상대가 되지 않았습니다. 부산진을 무너뜨린 왜군은 밀물처럼 서울을 향해 쳐들어갔습니다.

경상도 앞바다를 차지한 일본은 전라도로 나아갔습니다. 전라도와 충청도를 거쳐 서울과 평양에 상륙해 육군과 합동 작전을 펴려는 속셈이었습니다.

원균은 간간이 적선과 싸우면서 이순신에게 구원병을 보내 달라고 공문을 보냈습니다.

이순신은 섣불리 나서지 않았습니다. 자신이 맡은 지역을 지키는 한편 조정의 지시를 기다렸습니다. 그러면서 전쟁의 상황을 꼼꼼하게 살폈습니다.

5월 2일, 마침내 조정에서 출정 명령이 떨어졌습니다. 이순신은 전라 우수사 이억기와 함께 경상도 앞바다로 배를 몰았습니다. 5월 4일 새벽 두 시 무렵이었습니다.

이순신이 처음으로 적과 맞닥뜨린 곳은 거제도 옥포였습니다. 일본군을 몰래 기습한 조선 수군은 첫 싸움에서 적군의 배 26척을 부수는 전과를 올렸습니다. 이순신의 첫 승리이자 임진왜란을 통틀어 조선의 첫 번째 승리였습니다.

기세가 오른 조선 수군은 잇따라 왜군을 무찔렀습니다. 합포에서 5척, 적진포에서 11척의 배를 부수었습니다.

왜군은 이순신 앞에만 오면 허둥대다가 배가 부서져 가라앉거나 도망치곤 하였습니다. 이 때 조선 수군의 피해는 가벼운 상처를 입은 사람 겨우 한 명뿐이었다니, 참으로 놀라운 일이 아닐 수 없습니다.

이순신은 여수로 돌아와서 정비를 한 다음 2차 출동에 나섰습니다.

"장군, 적의 큰 배들이 사천 앞바다에 있소이다. 그 놈들부터 해치웁시다."

남해 앞바다에서 만난 원균이 말했습니다.

이순신은 뱃머리를 사천으로 돌렸습니다.

왜군들은 큰 배 12척과 작은 배들을 나란히 대 놓고 굳게 진을 치고 있었습니다.

"썰물 때라 가까이 다가갈 수가 없소. 저들을 넓은 바다로 끌어내야 합니다."

이순신의 작전에 따라 작고 빠른 배들이 먼저 공격을 했습니다.

"하하하, 가소롭구나! 얼마 되지 않는 조무래기들이다. 쳐라!"

뭍에 숨어 있던 왜군들이 배에 올랐습니다.

조선 수군들은 맹렬하게 공격하다가 밀리는 척 물러났습니다.

"쫓아라! 한 놈도 살려 두지 마라!"

왜군 장수가 소리를 높였습니다. 우렁찬 함성과 함께 12척의 왜선이 차례로 넓은 바다로 달려나왔습니다.

"아니, 저게 뭐냐!"

"괴물이다!"

넓은 바다로 나온 왜군들은 눈이 휘둥그레졌습니다. 어린진을 펼친 조선 수군 맨 앞에 난생처음 보는 희안한 배가 버티고 있는 것이었습니다. 세계 최초의 철갑선인 거북선이 처음으로 싸움에 나선 것이었습니다. 거북선은 생김새부터 적의 간담을 서늘하게 만들었습니다.

"공격하라!"

이순신이 명령을 내리고 깃발을 휘둘렀습니다.

거북선이 깃발을 세우고 빠르게 물살을 갈랐습니다. 왜군은

거북선을 향해 쉬임없이 조총을 쏘아 댔습니다. 그러나, 조총 따위는 거북선에게 간지럼을 태우는 정도밖에 되지 않았습니다.

"쾅!"

거북선이 사정없이 왜군의 큰 배를 들이받았습니다. 배 난간이 부서지고 흔들리자, 왜군들은 바람에 날리는 낙엽처럼 나뒹굴었습니다.

"펑! 펑!"

거북선의 입과 옆구리에서 대포가 발사되었습니다. 사방에서 포를 쏠 수가 있으니 굳이 방향을 바꿀 필요도 없었습니다.

왜군들은 배를 서로 잇대고 총을 쏘거나, 남의 배를 타 넘어 칼을 휘두르는 전법을 주로 썼습니다. 그런데 거북선에는 총도 통하지 않고 올라탈 수도 없으니 대책없이 갈팡질팡 하기만 했습니다.

"쳐라!"

이순신의 판옥대선을 앞세운 조선군이 밀어닥쳤습니다. 태풍이 불고 천둥이 울리는 듯 소란스런 전투가 이어졌습니다.

이순신과 이억기, 원균이 연합 함대를 만든 조선 수군은 가는 곳마다 승리를 거두었습니다. 이순신의 배는 23척, 이억기는 25척, 원균은 3척의 배를 갖고 있었습니다.

수군이 잇따라 패배한다는 소식에 화가 치민 도요토미가 특별 명령을 내렸습니다.

"우리는 섬나라이고 배도 훨씬 많은데, 조선 수군에게 진다는 게 말이 되느냐. 전 수군을 동원해서라도 당장 뱃길을 뚫어라!"

왜군들은 거제도와 통영 반도 사이의 바다인 견내량에 모여들었습니다. 무려 73척이나 되는 큰 부대였습니다. 우두머리는 와키사키였는데, 왜군 가운데서도 바다 싸움에 뛰어난 명장이었습니다. 그는 조선 수군을 단번에 깨뜨리고 뱃길을 열겠다는 각오로 함대를 이끌었습니다.

 구키, 가토 같은 장군들과 함께 싸우라는 도요토미의 명령이 있었지만, 와키사키는 혼자서도 충분하다고 자신했습니다.

 이순신은 작전 회의를 열었습니다.

 "견내량은 좁아서 우리 판옥대선이나 거북선이 움직이기 어렵습니다. 왜구를 한산도 앞바다로 끌어내서 무찌르는 게 좋겠소."

 이억기와 원균이 고개를 끄덕거렸습니다.

 1592년 7월 6일 아침이었습니다.

 한산도 앞바다는 잔잔하고 맑았습니다.

 "장군, 조선 함대가 이쪽으로 옵니다!"

 견내량 입구에서 조선 수군과 맞닥뜨린 왜군 순찰선이 부리나케 도망쳐 와키사키에게 보고했습니다.

 "견내량 앞바다에 조선의 판옥선 네댓 척이 나타났습니다."

 "일본 수군의 진짜 맛을 보여 주마!"

 와키사키가 공격 명령을 내리자, 왜구들이 요란스럽게 조총을 쏘며 달려왔습니다. 조선의 판옥선은 이들과 싸우는 척하다가 넓은 한산도 앞바다로 도망쳤습니다.

 "저런 보잘 것 없는 조선군에게 잇달아 졌다니! 내가 원수를 갚아 주마!"

 와키사키는 기세 좋게 배를 몰았습니다. 거기에는 조선 수

군이 학이 날개를 편 듯한 학익진을 치고 기다리고 있었습니다.

"제법 병법을 흉내내는구나. 그렇다면 어린진으로 박살내 주지."

와키사키의 명령에 따라 왜군들은 큰 배를 머리에 세우고 고기 비늘을 펼친 듯이 늘어섰습니다.

공격은 조선 수군이 먼저 했습니다. 도망치던 판옥선이 방향을 바꾸고 달려왔습니다. 그 뒤를 다섯 척의 거북선이 빠르게 물살을 헤치고 다가왔습니다.

"펑! 펑!"

거북선이 거침없이 다가와 왜군 배를 들이받고는 대포를 쏘아 댔습니다. 싸움 태세를 채 갖추기도 전에 역습을 당한 와키사키는 당황했습니다.

"쳐라!"

이순신이 공격 명령을 내렸습니다.

거북선이 사방으로 치고 다니며 흐트러 놓은 진영을 판옥대선이 들이받았습니다. 좁고 긴 일본 배들은 높고 큰 판옥대선에 부딪혀 힘없이 부서졌습니다.

그 다음은 화살 세례였습니다. 판옥대선의 높은 곳에서 조선 수군들이 화살을 소나기처럼 쏟아 부었습니다. 왜군들은 죽어 갔고 왜선들은 불에 타거나 가라앉기 시작하였습니다.

"후퇴, 후퇴하라!"

한나절 싸움 끝에 와키사키는 줄행랑을 놓았습니다.

"만세!"

승리의 함성이 하늘까지 메아리쳤습니다. 조선군은 왜군의

배 60여 척을 부수었고, 12척을 사로잡았습니다. 왜군은 거의 전멸한 거나 다름없었습니다.

이 위대한 승리가 바로 한산대첩입니다. 이 전투를 영국의 전쟁 역사가 허버트는 다음과 같이 평가하였습니다.

'한산도의 승리는 넬슨 제독의 영국 함대가 스페인의 무적 함대를 무찌른 살라미스 해전과 비길 만하다. 도요토미는 이 싸움으로 사형 선고를 받은 것이나 다름없었다.'

이 후 이순신은 삼도 수군 통제사 자리에 올라 여러 해전에서 빛나는 공적을 거두었습니다.

그러다 노량 앞바다에서 적군의 총탄에 맞고 쓰러졌습니다.

왼쪽 겨드랑이가 뚫린 이순신은 눈빛을 이글거리며 부하들에게 일렀습니다.

"방패로 내 앞을 가려라."

여느 때처럼 태연한 음성이었습니다.

"지금, 싸움이 한창이니 내가 죽었다는 말은 절대로 하지 말아라."

마지막으로 이렇게 말하고 그는 잠자듯 눈을 감았습니다.

전란이 끝나고 조정에서는 임진왜란 때의 공로를 의논하여 이순신 장군을 선무 1등 공신으로 정하고 여러 가지 은전을 베풀었으며, 좌의정 겸 영경연사 덕풍부원군의 직위를 추증하여, 장군의 큰 업적을 표창하였습니다.

그러나 한몸을 바쳐 겨레를 지켜낸 그의 공을 어찌 이런 것으로 다 값았다 할 수 있겠습니까.

오늘날, 충청남도 아산의 현충사에는 이러한 장군의 유덕을 추모하는 겨레의 발길이 끊이지 않고 있습니다.

귀주대첩 강감찬

강감찬은 948년, 고려 정종 3년에 경기도 금천 고을에서 강궁진의 아들로 태어났습니다.

어릴적 이름은 은천이라고 하였는데, 태어날 때에 일어난 이상한 일 때문에 모두들 훗날 큰 인물이 될 아이라고 입을 모았답니다.

은천이 태어나던 날, 가장 크고 빛나는 별이 갑자기 길게 꼬리를 끌며 강궁진의 지붕 위로 떨어졌던 것입니다.

"문곡성이란 예로부터 큰 인물이 날 것을 점치는 별입니다. 이 별이 떨어지자 아기가 탄생하였으니 결코 예사로운 일이 아닙니다. 부디 소중히 길러 나라의 일꾼이 되게 하십시오."

때마침 임금의 명을 받고 그 고을을 지나가던 신하가 강궁진의 집에 들러 부탁했습니다.

날이 가고 달이 바뀌는 동안 5년의 세월이 흘렀습니다. 은천은 이제 다섯 살이 되었습니다. 몸은 비록 작았지만 총명하기가 이를 데 없어서 하나를 일러주면 능히 열을 알았고, 한

번 들은 것은 잊는 법이 없었습니다. 작고 못생긴 아들이었지만 그의 아버지는 아들이 더없이 사랑스러웠습니다.

강궁진은 어린 아들에게 세 살 때부터 글을 가르쳐 다섯 살이 될 때에는 사서삼경에 통달하게 되었습니다. 그는 배운 것을 응용하는 재주도 남달리 빼어나 모두들 그를 신동이라고 불렀습니다.

은천이 일곱 살 되던 해, 아버지는 아들에게 병서와 아울러 무예를 가르치기 시작하였습니다. 은천은 병서뿐 아니라 무예에서도 뛰어난 재질을 나타내었습니다.

열 살이 넘어서는 이미 천문, 지리, 술서, 병법에 모두 통달하게 되었습니다.

세월이 흘러 강감찬은 36살인 983년에 과거에 장원으로 급제하였습니다.

이 무렵 북쪽의 거란이란 오랑캐가 호시탐탐 고려를 넘보고 있었습니다. 두 나라 관계는 점점 험악해졌고 고려 조정에서는 북방의 방비를 튼튼히 하고자 강감찬을 서경유수로 임명하여 거란의 침략을 막도록 하였습니다.

시간이 갈수록 북방에서는 전운이 감돌았습니다.

마침내 현종 9년 12월이었습니다. 침략의 기회를 엿보던 거란은 마침내 소배압으로 하여금 10만 대군을 이끌고 고려를 치게 하였습니다. 고려로서는 흥망을 걸고 전력을 다해 싸우지 않을 수 없었습니다.

조정에서는 강감찬을 도통사로 임명하고 왜적을 무찌르도록 분부하였습니다. 이미 오래 전부터 준비를 갖추고 있던 강감찬은 왕명에 따라 대군을 이끌고 국경으로 향하였습니다.

강감찬은 홍화진에 도착하자 홀로 군영을 나와 부근 일대의 지형을 자세히 살폈습니다. 홍화진은 워낙 산천이 험하고 수목이 울창하여 많은 군사를 매복시키기에 안성맞춤이었습니다. 게다가 동쪽에는 큰 강이 있었는데 그 강은 물이 얕아서 옷을 걷어올리고 건널 수 있었습니다. 적이 침입하려면 반드시 그 강을 건너야 했습니다.

지형을 빈틈없이 살핀 강감찬은 의미심장한 미소를 지었습니다.

'나도 여기 와서 모든 것을 내 눈으로 직접 보았다. 적은 이미 내 손바닥 안에 있다.'

강감찬은 진중으로 돌아오자, 부원수 강민첨을 불러 군령을 내렸습니다.

"부원수는 우리 군사 중에서 용감하고 민첩한 돌격병 1만 2천 명을 뽑아 곧 출진 준비를 갖추시오. 그리고 오늘 밤에 부원수는 그들을 거느리고 가서 산골짜기에 숨어 있다가, 새벽녘에 강가에서 말 울음 소리가 들리거든 일시에 적을 공격하시오."

강민첨의 매복부대가 출동하자 강감찬은 다시 군사들에게 명을 내렸습니다.

"쇠가죽 수백 장을 모아 그것을 한데 이어 꿰매어라."

이윽고 쇠가죽 장막이 준비되자 그것을 강 상류로 운반하도록 하였습니다.

"군데군데 말뚝을 박고 가죽 장막을 쳐서 강물을 막아라!"

강감찬은 강물을 막은 뒤 군사를 두 패로 나누어 양편 강가에 숨어 있게 하였습니다.

한편, 국경을 넘어 들어온 거란군도 사기가 매우 높았습니다. 그들도 고려군의 주력 부대가 흥화진에 진을 치고 있다는 정보를 듣고 있었습니다.

적장 소배압은 고려군을 아무 방비와 계책이 없는 오합지졸로 생각하였습니다.

적군은 드디어 고려군이 매복해 있는 강가에 다다랐습니다.

그 때 선봉 부대의 염탐병이 달려와 소배압에게 보고하였습니다.

"고려 수비군은 늙은 병사들뿐이오나 적의 진지에서 울려오는 북소리와 징소리로 미루어 보면 적의 사기가 대단한 듯하옵니다. 그러나 강에 대한 수비가 소홀한 것으로 보아 혹시 적이 매복하고 있는지도 모르겠습니다."

이 말을 들은 소배압은 크게 웃었습니다.

"하하하! 어찌 고려에 뛰어난 장수가 있어서 우리 군사를 막을 수 있겠느냐. 설령 다소의 복병이 있다 해도 머지 않아 우리 군사의 말발굽 아래 짓밟히고 말리라. 여봐라, 지체 말고 진격하여 강을 건너도록 하라!"

명령이 떨어지자 적군은 마침내 강을 건너기 시작하였습니다.

그들은 얕은 강을 한꺼번에 건너기 위해 폭을 넓게 잡았습니다. 눈 깜짝할 사이에 강바닥에는 수만 명의 군사가 개미 떼처럼 깔렸습니다. 앞선 무리가 건너편 강가에 닿고 뒤에 선 무리가 강으로 막 들어설 때였습니다.

강감찬은 이 때다 싶어 쇠가죽 장막을 터 놓았습니다.

별안간 상류에서 산더미 같은 물줄기가 천지를 집어삼킬 듯

무섭게 소용돌이치며 밀려 내려왔습니다.
 강을 건너던 군사들은 모조리 흙탕물에 휩쓸렸습니다.
 "으악! 웬 홍수냐?"
 거란군은 헤어나려고 허둥지둥 몸부림쳤습니다. 그러나 거센 물결은 그들을 놓아 주지 않았습니다.
 "속았구나, 모두 후퇴하라!"
 강을 건너려던 적장 소배압은 뜻밖의 사태에 급히 말머리를 돌려 흩어지고 동강난 대열을 수습하기에 정신이 없었습니다.
 적군이 크게 혼란에 빠지자 양쪽 숲 속에 숨어 있던 고려군이 일시에 달려나왔습니다.
 "쳐라! 한 놈도 남기지 말고 모두 쳐라!"
 거란군은 예상치 못한 기습에 제대로 싸워보지도 못하고 고려군의 번뜩이는 창칼 아래 여지없이 쓰러졌습니다.
 가까스로 살아 남은 거란군 패잔병은 달아나다가 중간에서 다시 강민첨의 복병에게 기습당하여 죽고 말았습니다.
 적군은 이 싸움에서 강감찬의 교묘한 전략 앞에 보기좋게 참패하고 물러갔습니다.
 그러나 소배압은 거란으로 되돌아갈 수 없었습니다.
 "아아, 내가 한평생 싸움터에서 살았지만 이번같이 비참한 꼴은 처음이로다. 큰소리치고 고국을 떠나온 내가 많은 군사를 잃고 무슨 낯으로 고국에 돌아가 천황을 뵙는단 말인가!"
 그리하여 소배압은 남은 군사들을 수습하였습니다. 비록 많은 군사를 잃긴 하였지만 그 수가 여전히 5, 6만에 달하였습니다.
 그는 부하들에게 말하였습니다.

"우리가 무슨 염치로 고국에 돌아간단 말인가. 우리는 결코 이대로는 고국으로 돌아갈 수 없다. 그렇다고 쫓겨다니며 개죽음을 당할 수도 없다. 다시 작은 부대를 만들어 곧바로 고려의 서울 개경으로 쳐들어가자. 지금 고려의 군사는 모두 일선에 나와 있어서, 서울은 거의 무방비 상태일 것이다. 이 틈을 이용하여 개경을 들이치면 쉽게 점령할 수 있을 것이다. 그리하여 우리가 고려의 임금을 사로잡기만 한다면 적은 꼼짝 못하고 항복할 것이다."

"실로 놀라운 계략이옵니다. 저희들도 죽음을 무릅쓰고 원수의 뒤를 따르겠습니다."

그러나 막상 개경에 도착해 보니 고려의 강력한 군사들이 성 안에 가득 배치되어 있는 것이었습니다.

"으음, 이번 계략을 강감찬이 벌써 알았단 말인가! 참으로 전략에 밝은 명장이로구나!"

소배압은 마지막 힘을 다해 개경을 침공한다고 해도 결국 실패할 것 같아서 말머리를 돌렸습니다.

그러나 막상 후퇴하려 하자 이번에는 그것마저 수월한 것이 아니었습니다. 고려 땅에 너무 깊숙이 들어왔던 것입니다.

"우리는 며칠 안에 개경으로 쳐들어갈 것이다!"

소배압은 헛소문을 퍼뜨려 놓고 서둘러 북으로 철수하였습니다.

그러나 강감찬은 철수하는 적의 계략을 꿰뚫고 철수하는 적을 맹렬히 추적하여 마침내 귀주에서 적과 맞닥뜨리게 되었습니다.

양편 군사들은 점점 가까워졌습니다. 싸늘한 바람이 휘몰아

쳤습니다.

"쳐라! 최후의 한 놈까지 모조리 무찔러라!"

드디어 싸움은 시작되었습니다. 마치 죽음의 악마가 귀주 벌판에 내려와 춤추는 듯하였습니다. 여기저기에서 들리는 비명 소리, 흩어진 주검들, 참으로 처참한 광경이었습니다.

고려 군사는 용기백배하여 거란군을 공격하였습니다. 완강하게 버티던 거란군은 마침내 뿔뿔이 흩어졌습니다.

이 싸움이 바로 귀주대첩입니다.

이 뒤로 거란은 두 번 다시 고려를 넘볼 생각을 하지 못하게 되었습니다.

강감찬 장군의 귀주대첩은 고구려 을지문덕 장군의 살수대첩, 조선 시대 이순신 장군의 한산대첩과 더불어 우리 역사에서 3대첩이라 일컬어지고 있습니다.

삼국통일을 위하여 김유신

김유신은 595년 김서현과 만명 부인의 맏아들로 태어났습니다. 아기가 태어날 때, 온 집안에는 알 수 없는 향기가 그윽하고 어디선가 날아온 학이 아기의 울음 소리에 장단을 맞추듯 너울너울 춤을 추었다고 합니다.

또한 아기의 등에는 일곱 개의 검은 점이 북두칠성 같은 모양을 이루고 있었습니다.

이 무렵 신라에서는 품행이 바르고 용모가 빼어나며 가문이 좋은 소년들을 뽑아 화랑으로 삼았습니다. 화랑은 낭도들을 거느리고 산과 내를 찾아다니며 몸과 마음을 닦아, 장차 나라의 기둥이 될 포부를 길렀습니다. 때문에 신라의 청년들이라면 누구나 화랑이 되고 싶어했습니다.

글공부와 무예를 익히고 김유신은 15살에 당당히 화랑이 되어 장차 훌륭한 장수가 될 꿈을 품게 되었습니다.

김유신이 자주 드나들던 술집에 천관이란 기생이 있었습니다.

비록 술을 파는 여인이기는 하나 천관은 얼굴이 아름답고 마음씨가 고우며, 훌륭한 집안에서 자란 여인처럼 아는 것도 많았습니다.

"도련님, 어서 댁으로 돌아가셔야죠?"

밤늦게 술이 취해 쓰러져 있는 김유신을 보고 천관은 걱정을 하였습니다.

"걱정도 많구나. 내 일은 내가 알아서 할 것인데 네가 웬 걱정이냐?"

"부모님께서 얼마나 걱정하시겠어요."

"어허, 내가 어린 아이인 줄 아는구나……."

"그러지 마시고 어서 일어나셔요."

천관은 손수 말을 끌고 와서 김유신에게 타기를 재촉하였습니다. 김유신은 천관의 권유에 떠밀려 말에 올랐습니다.

김유신은 이러한 천관을 어여삐 여겨 그 뒤로 더 자주 드나들게 되었습니다.

이러한 소문이 퍼지고 번져 만명 부인의 귀에까지 들어가게 되었습니다.

어느 날 밤, 만명 부인은 전에 없이 무서운 얼굴로 아들 김유신을 불러들였습니다.

"듣자하니 너 근자에 천관이란 계집이 있는 술집에 자주 드나든다는데, 과연 그러냐?"

"예."

"다시는 가지 말아라."

"예? 그러나 어머님, 천관은……."

김유신은 천관의 어진 마음씨에 대해 좀 더 자세히 이야기

하려고 했습니다.

"내 말을 알아듣지 못하는구나. 너는 화랑이다. 장차 이 나라를 위하여 큰 일을 해야 될 사람이 그런 데나 드나들면서 술을 마시고 지내면 절로 마음이 무디어 지느니라. 그래 가지고서야 장차 어찌 큰 일을 하겠느냐."

김유신은 비로소 어머니가 말씀하시는 깊은 뜻을 깨달았습니다.

"알겠습니다, 어머님!"

그러던 어느 날이었습니다. 그 날도 김유신은 술이 취해 벗들과 더불어 집으로 돌아오던 길이었습니다. 말을 타고 오던 김유신은 술기운 때문에 그만 꾸벅꾸벅 졸기 시작하였습니다. 주인이 졸고 있는 것에도 아랑곳하지 않고 말은 터벅터벅 그대로 걸었습니다.

얼마나 지났을까?

김유신은 문득 눈을 뜨고 주위를 살폈습니다.

"어?"

거기는 뜻밖에 천관이 있는 술집 앞이었습니다.

"어허, 이게 어찌 된 일인가?"

김유신은 얼굴을 찌푸리고 혀를 찼습니다.

"음. 내가 졸고 있는 사이에 말이 제 맘대로 왔구나!"

천관이 급히 뛰어나와 김유신을 보고 반색을 하였습니다. 그러나 김유신은 말갈기에 손을 댔습니다.

"네 놈이 내 결심을 깨어 놓았구나!"

그러고는 말에서 뛰어내려 칼을 쑥 뽑아 들었습니다.

"주인의 뜻을 모르는 말은 필요 없다!"

말을 크게 호통친 김유신은 칼을 내리쳤습니다.

말은 목이 잘린 채 몸부림을 치며 쓰러졌습니다. 스스로의 결심을 지켜내기 위해 김유신은 눈물을 머금고 말을 벤 것입니다.

"도련님, 이게 웬일이셔요?"

천관은 얼굴이 파랗게 질려서 소리쳤습니다. 그러나 김유신은 발길을 돌려 뒤도 돌아보지 않고 터벅터벅 걸어갔습니다. 가슴속에서는 천관과 말에 대한 생각으로 피눈물이 흐르는 듯하였으나 이를 악물었습니다.

629년 김유신은 처음으로 아버지 김서현 장군과 함께 낭비성을 공격하기 위해 싸움터로 나갔습니다. 신라군은 낭비성을 향해 몰려갔습니다.

그러나 고구려군은 이미 성 밖에 나와 몰래 진을 치고 있었습니다. 난데없는 고구려군의 공격에 신라군은 당황하기 시작하였습니다. 대장군 용춘이 칼을 휘두르며 지휘하였으나 신라군은 이미 기가 죽어 있었습니다.

칼을 빼들고 엉겁결에 덤벼들기는 하였으나 겁부터 앞서는 신라군에게 고구려군은 일제히 활을 쏘기 시작하였습니다.

"물러서라!"

대장군 용춘은 하는 수 없이 군사들을 뒤로 물러나게 하였습니다. 무엇보다도 당장 군사들의 사기를 높이는 것이 가장 중요한 일이었습니다.

보다 못한 김유신은 홀로 마음을 정하고 아버지 김서현 장군 앞에 나아갔습니다.

"아버지."

"왜 그러느냐?"

"저는 일찍부터 어버이에 효도하고, 나라에는 충성을 다하며, 싸움에서는 물러서지 않는 것으로 배워왔습니다. 그러므로 저는 지금의 이러한 형편을 그냥 보고만 있을 수 없습니다."

"그러면 어찌하겠느냐!"

"제가 한 번 나서보겠습니다."

잠자코 아들을 바라보던 김서현은 고개를 끄덕였습니다.

"좋아! 한 번 해 보아라."

"예!"

김유신은 잠시도 머뭇거리지 않고 말 위에 올랐습니다. 칼을 뽑아 들고 고구려 진지를 똑바로 겨누었습니다.

"이놈들!"

한 마디 우렁찬 호령과 동시에 바람같이 말을 달렸습니다.

신라군의 진지에서는 모두 입을 벌린 채 대담하기 짝이 없는 김유신의 행동을 보고 숨을 죽였습니다. 잠시 후, 고구려 진지는 한 사람의 젊은 신라군 장수로 해서 일대 수라장이 되었습니다.

"이놈들!"

회오리바람처럼 이리 닫고 저리 치는 화랑 김유신의 손끝에는 다만 칼날이 바람을 끊는 날카로운 소리뿐이었습니다. 고구려 군사들의 주검은 낙엽처럼 쌓이듯 불어만 갔습니다.

"유신이도 이젠 신라의 장수로서 조금도 부족함이 없구나!"

아버지는 아들을 흐뭇하게 바라보았습니다.

그러나 642년에 신라는 백제에게 40여 성을 빼앗겼습니다.

"제가 나가 빼앗긴 성을 되찾겠습니다!"

김유신은 그로부터 2년 뒤에 장군으로 출전하여 잃어버린 7개의 성을 되찾았습니다. 그 뒤에도 김유신은 많은 싸움터에서 전공을 세워 그 이름을 나라 안팎으로 떨쳤습니다.

"김유신은 싸우면 틀림없이 이기는 장군이야."

이런 말이 떠돌 정도였습니다.

김유신과 아주 친한 김춘추가 무열왕이 되자 신라의 삼국통일 계획은 무르익었습니다.

김춘추는 그 동안 외교를 잘하여 당나라와 손잡고 백제를 치게 되었습니다. 한편, 백제의 의자왕은 방탕한 생활로 세월을 보내고 있었습니다.

"지금이 삼국을 통일할 좋은 기회요."

김유신과 무열왕은 군사를 일으킬 계획을 세웠습니다.

마침내 나당 연합군의 백제 침공이 시작되었습니다. 김유신이 이끄는 신라군은 육로로, 소정방이 이끄는 당나라 군은 서해 뱃길을 거쳐 금강으로 쳐들어갔습니다. 백제의 명장 계백 장군이 거느린 5천 결사대가 황산벌에서 신라군과 싸워 몇 차례 승리를 거두었으나, 수가 부족해서 전멸당했습니다.

백제를 항복시킨 신라군은 이 후 고구려도 멸망시켜 삼국통일의 위업을 달성했습니다.

김유신 같은 뛰어난 장수가 없었다면 신라의 삼국통일은 한낱 꿈에 불과했을 것입니다.

고려를 세운 왕건

송악산 맞은편에 자리잡은 마을에서는 수많은 일꾼들이 분주하게 움직이고 있었습니다. 마을에서 마주 바라보이는 송악산에서는 시원한 바람이 불어오고 있었습니다.

"쯔쯧, 참으로 딱한 일이로다. 기장을 심을 자리에다 삼을 심고 있으니!"

이 곳을 지나가던 한 스님이 집터 닦는 것을 보고 중얼거렸습니다.

왕융은 스님이 하는 말을 듣고는 어리둥절했습니다.

스님은 어느 새 저만큼 휘적휘적 걸어가고 있었습니다.

왕융은 멀어져 가는 스님을 쫓아가 물었습니다.

"스님, 저는 이 집터를 닦는 주인입니다. 조금 전에 스님께서 하신 말씀이 무슨 뜻인지요?"

"터가 너무 좁습니다. 이 곳에는 36채의 집을 지어야 운세가 크게 트입니다."

"스님은 뉘십니까?"

"도선이라고 합니다."

스님의 법명을 들은 왕융은 깜짝 놀랐습니다. 풍수지리설과 음양도참설에 밝기로 이름난 신라의 스님 도선 대사였습니다.

"아이구, 대사님! 누추하지만 저희 집에서 좀 쉬었다 가십시오."

왕융은 도선 대사를 모시고 집으로 갔습니다.

"꼭 36채의 집을 지으십시오."

"대사님의 가르침대로 행하겠습니다."

"그리고 만일 이 곳에서 아들을 낳으시면 이름을 '건'이라고 지으십시오."

"네? 이름을 건으로……."

"훗날 훌륭한 인물이 될 것입니다."

왕융은 도선 대사의 말을 남몰래 간직했습니다.

그 뒤 이 금돼지 터는 굉장히 넓게 닦아서 36채의 집을 지었습니다.

그 후 877년에 금돼지 터에서 아들이 태어났습니다. 왕융은 도선 스님의 말대로 아기의 이름을 왕건이라 지었습니다.

왕건은 강인하고 씩씩한 사내로 자라났습니다.

그러다 왕건이 17세가 되던 해의 일입니다. 저녁 무렵 마당께에서 목탁 치는 소리가 들려왔습니다. 목탁 두드리는 소리는 정확히 36번 이어졌습니다.

사랑채에 앉아 있던 왕융은 목탁 소리를 듣자 정신이 번쩍 났습니다. 왕융은 문을 밀어붙이고 신발도 신지 않은 채 대문으로 달려갔습니다. 왕건은 영문도 모른 채 아버지가 서둘러 나가자 따라 나갔습니다.

목탁을 치고 서 있는 사람은 17년 전에 만났던 도선 대사였습니다. 어려서 아버지로부터 누누이 들어 왔던 도선 대사에게 왕건은 공손히 절을 하였습니다.

"소승은 복이 많아 장차 삼국을 통일할 분의 절을 받았습니다. 황송하고 감격할 따름이오!"

이 날 도선 대사는 왕건을 송악산의 절로 데리고 갔습니다.

"그대의 운명은 하늘이 내리신 것이니 이제부터 나의 가르침을 받으라."

이 날부터 왕건은 도선 대사에게 천문 지리, 육도 삼략을 배워 실제 군사를 이끌고 진을 치는 방법을 익혔습니다.

어느덧 왕건이 19살이 되었을 때, 아버지 왕융은 도선 대사의 명에 따라 궁예를 찾아갔습니다.

"개성 한 고을을 바치오니, 제 자식을 부하로 써 주십시오."

많은 재산과 씩씩한 부하를 얻게 되자 궁예는 무척 기뻐했습니다.

이미 태봉이라는 나라를 세워 신라, 후백제와 함께 큰 세력을 떨치던 궁예는 왕건을 부하로 삼아 신임하게 되었습니다.

궁예의 부하가 된 왕건은 무수한 전공을 쌓았습니다. 전라도 지방의 10여 고을을 함락시켰고, 후백제의 군사들을 곳곳에서 무찔렀습니다.

재주가 비상한 왕건은 궁예의 총애를 얻어 913년, 나라 일을 도맡아 하는 시중(국무 총리격)이 되었습니다.

그런데 그 뒤, 궁예는 나라의 힘이 강해지자 오만해지기 시작했습니다.

이 때부터 궁예는 스스로 미륵불이라 부르며 머리에는 황금

관을 쓰고 몸에는 황포를 입었습니다. 그리고 손에는 항상 황금 지팡이를 들고 있었습니다.

"나는 보살이다!"

궁예는 날이 갈수록 난폭해졌습니다. 중의 옷을 입고 툭하면 신하들을 죽였습니다. 게다가 의심이 많아져서 조금이라도 이상한 생각이 들면 아무나 목을 베었습니다.

마침내 미친 궁예는 왕비 강씨와 왕자 형제까지 한꺼번에 죽이고 말았습니다.

더이상 궁예의 횡포를 견디기 어렵게 되자, 몇몇 대신들이 왕건의 집을 찾아갔습니다.

"궁예의 포악한 짓은 날로 악랄해지고 있습니다. 우리 가운데 누가 죄를 뒤집어쓰고 죽게 될지 모릅니다."

"맞소! 상감은 살인자요 미치광이옵니다. 하루라도 빨리 일어나서 미친 궁예를 몰아내야 합니다. 저희는 왕 장군을 임금으로 섬기기로 약조했습니다."

왕건이 망설이고 있을 때 부인 유화가 갑옷과 투구를 가지고 와 왕건을 독려했습니다.

그리하여 왕건은 장수들과 함께 궁궐로 쳐들어가서 궁예를 몰아내었습니다. 궁예는 혼비백산하여 도망치다가 백성들에게 잡혀 죽음을 당하였습니다.

918년 왕건은 42세의 나이에 철원성 포정전에서 왕위에 올라 고려를 건국하였습니다. 919년 1월, 태조 왕건은 서울을 철원에서 개성으로 옮겼습니다.

고려의 힘이 강성해지자 신라 경순왕은 스스로 항복하였습니다.

936년 9월, 태조 왕건은 10만 군사를 이끌고 후백제를 쳐들어갔습니다.

하늘을 찌를 듯한 고려군의 기세에 후백제 장군들은 잇달아 항복하였습니다.

이로써 고려 태조 왕건은 나라를 세운 지 19년 만인 936년에 후삼국을 통일하였습니다.

고려를 이룩한 지 26년 째인 943년 왕건은 〈훈요 십조〉를 손수 지었습니다. 이 후 역대 임금들은 〈훈요 십조〉를 정치의 근본으로 삼게 되었습니다.

새 나라 고려를 열어 놓은 태조 왕건은 67세의 나이로 조용히 눈을 감았습니다.

소나무 같은 기백 이황

1501년 연산군 7년 11월 25일, 이황은 경북 안동군 도산면 온계리에서 진사인 이식의 막내아들로 태어났습니다. 어려서 이황의 이름은 서홍이었습니다.

아버지는 그가 태어난 지 일곱 달 만에 세상을 떠나 이황은 홀어머니 슬하에서 자라게 되었습니다.

그 당시 사람들은 가문의 명예를 무엇보다도 중요하게 여기고 있었습니다. 그래서 어머니는 가난한 살림이나마 어린 자녀들의 교육에 온갖 정성을 다했습니다.

어머니로부터 예절 교육을 받은 서홍은 여섯 살 때 〈천자문〉을 배우기 시작했습니다. 유난히 총명했던 서홍은 열두 살 때는 숙부인 이우에게 〈논어〉라는 어려운 글을 배웠습니다. 하나를 가르치면 열을 깨우치니, 숙부로서는 서홍을 가르치는 일이 즐겁기만 했습니다.

훗날 이황은 숙부의 사랑에 대해 이렇게 회고했습니다.

'내가 게으르지 않았던 것은 오로지 숙부님의 가르침과 격

려, 그리고 사랑 덕택이었다.'

　19세 무렵부터 이황은 학문의 이치를 점점 깨닫게 되었습니다. 그리하여 20세 때에는 〈주역〉이라는 최고의 책을 공부하는 데 심혈을 기울였습니다.
　그러나 이황은 너무 공부에만 몰두한 나머지 소화 불량을 얻어 한평생 고생해야 했습니다.
　1523년 이황은 22세에 서울로 올라와 성균관에서 공부를 하였습니다.
　거기서 이황은 〈심경 부주〉라는 책을 처음으로 읽게 되었습니다. 이 책은 마음의 수양을 위해 성현들의 깊은 생각을 적어 놓은 것입니다. 이 책을 읽는 동안 이황은 더운 여름에도 방문을 걸어 잠그고 밤낮으로 그 뜻을 헤아렸습니다.
　이황의 건강이 염려된 주위 사람들은 보다 못해 당부의 말을 올렸습니다.
　"이 더위에 독서에만 골몰하오니 선생님 건강이 상하실까 두렵사옵니다."
　"이 책을 연구하면 마음이 열려 시원해지는데, 어찌 더위가 염려되겠소."
　이황은 〈심경 부주〉를 읽고 나서 마음을 수련하는 방법을 깨달았습니다. 〈심경 부주〉는 훗날 이황이 제자들을 가르치는 교과서로도 사용되었습니다.
　학문에 심취하면서 이황의 인품은 더욱더 깊고 숭고한 빛을 띠었습니다.
　이황은 침착하고 사람을 제압하는 힘이 있었습니다.
　32세 때에 과거를 보고 고향으로 돌아가는 길에 있었던 일

입니다. 길가 집에서 하룻밤 묵었는데, 갑자기 한밤중에 도둑이 들었습니다.

"가진 것을 내놓지 않으면, 가만 두지 않겠다!"

험상궂게 생긴 사나이가 칼을 들이대고 호통을 쳤습니다. 같이 묵던 일행은 겁을 먹고 쩔쩔매었습니다. 그러나 이황은 바위처럼 꿈쩍도 하지 않고 있었습니다.

"아니, 넌 우리가 무섭지 않으냐?"

칼을 빼든 도둑이 이황에게 물었습니다.

"사람이 사람을 무서워 할 까닭이 있겠느냐?"

이황은 태연히 대답하였습니다.

"뭐라고? 가만 보니 이놈이 보통내기가 아닌 걸. 그렇지, 사람이 사람을 무서워 할 까닭은 없지. 하지만 이렇게 칼을 들이대도 무섭지 않으냐?"

"내가 본디 가진 것이 없고, 또 그대들과 원수진 바가 없으니, 나를 해치기야 하겠나!"

"그야 물론이지. 순순히 우리 말을 들어준다면 원수 사이도 아니니 죽일 필요는 없지."

"보아하니 그대들도 부모와 처자가 있는 몸인 듯한데, 부모에게 효도는 못할망정 마음 아프게 해 드릴 것까지야 없지 않나. 사내 대장부가 무엇을 못해서 나그네의 보따리나 털고 다닌단 말인가!"

"누군 이 짓을 하고 싶어 하는 줄 아시오. 벼슬아치들 등쌀에 살 수가 없어서 이 짓을 하는 게 아니오."

"그럼 벼슬아치들의 것이나 뺏지 어째서 죄 없는 백성들의 것을 뺏으려 드오. 그리하면 그 못된 벼슬아치들의 짓과 무엇

이 다르겠소!"

서슬이 시퍼래서 칼을 휘두르며 호통을 치던 도둑들은 이황의 조리 있는 말에 기가 꺾여 어름어름 자리를 피해 달아나 버리고 말았습니다.

또 그가 68세 되던 말년의 일입니다.

7월에 광나루를 건너 서울로 들어가는데, 갑자기 큰 비바람이 일었습니다. 거센 물결이 높이 치솟아 배가 까딱하면 뒤집힐 지경에 이르렀습니다.

"아이구, 사람 살려요!"

배에 탄 사람들은 울부짖으며 안절부절 못하였습니다.

"침착들 하시고 가만히 앉아 계시오. 이리 뛰고 저리 밀리고 하면 배가 뒤집히고 마오. 그러면 모두 죽고 말테니 이럴 때일수록 정신을 가다듬고 비바람과 싸워야 하오. 이제 곧 비바람이 가라앉을 거요. 그러니 걱정 말고 사공의 지시에 따릅시다!"

이황은 얼굴빛 하나 변하지 않고 어쩔 줄 모르는 사람들을 타일렀습니다. 얼마 뒤 과연 비바람은 가라앉고 배는 무사히 강가에 닿을 수 있었습니다.

이황은 어떤 일이나 막다른 골목에 이르면 이와같이 더욱 침착해지고 대담해지는 것이었습니다.

퇴계는 일찍이 늙은 소나무를 보고 다음과 같은 시를 읊었습니다. 이 시에는 그의 강인한 기백이 서려 있습니다.

밑 없는 깊은 늪 절벽 위에 태어난 늙은 소나무
그 기개 하늘에 뻗치고 산봉우리 위압하네.

붉고 푸른 것이 본성을 해침을 원치 않으니
복숭아나 오얏을 따러 즐겨 아양 피우랴.

이러한 이황이었기에 벼슬자리에 있을 때 탐관오리들을 혼내주고 바로잡는 데 주저함이 없었습니다.

이황 자신의 생활은 항상 검소하였습니다. 방에 부들 자리를 깔았고 베옷을 입었으며, 대나무 지팡이를 짚고 다녔습니다.

60세 안팎에 이황은 학문을 크게 이루었습니다. 또 많은 책들도 지었습니다. 〈주자서절요〉, 〈도산십이곡〉 등은 우리 역사에 길이 빛날 훌륭한 책들입니다.

1569년, 이황은 69세로 벼슬살이에서 물러나 고향으로 돌아왔습니다.

율곡 이이와 함께 조선 시대 성리학의 거장으로 손꼽히는 퇴계 이황은 한평생 고결하게 살다 간 대 학자입니다.

삼국통일의 기틀을 마련한 진흥왕

"과인은 장차 고구려와 백제의 영토를 우리의 것으로 하고자 하오. 나라가 흥하려면 왕과 신하, 백성이 한마음으로 뭉쳐야 하는 법이오. 부디 그대들은 과인이 꿈을 이룰 수 있도록 도와 주기 바라오."

"알겠나이다!"

신하들의 목소리에는 감격이 서려 있었습니다.

18세의 왕답지 않게 의젓한 이분이 신라 제 24대 진흥왕입니다. 진흥왕은 선왕인 법흥왕의 동생 갈문왕의 아들로서 534년에 태어났습니다. 법흥왕은 이찬과 거칠부에게 어린 왕을 부탁하고 세상을 떠났습니다.

나라 일을 스스로 처리할 나이가 된 진흥왕은 고구려와 백제의 움직임을 꾸준히 살폈습니다. 이 무렵 삼국은 다투어 영토를 넓히려고 혈안이 되어 있었습니다.

475년 백제는 고구려의 침략에 밀려 수도인 위례성(경기도 광주)을 빼앗기고 사비(부여)로 도읍지를 옮겼습니다.

"무슨 수를 쓰든 이 원수를 꼭 갚으리라!"

백제는 고구려에 대한 보복의 기회를 노리며 줄곧 이를 갈아 왔습니다. 그러다 550년, 백제는 고구려의 도살성을 쳐들어갔습니다. 도살성을 빼앗긴 고구려는 백제의 금현성을 빼앗았습니다.

이 무렵 두 나라의 싸움을 지켜보고 있던 진흥왕이 이사부를 불렀습니다.

"도살성과 금현성을 공격하여 함락시키시오."

법흥왕 때까지만 해도 신라와 백제는 서로 우호 관계를 지켜 왔으나, 진흥왕은 생각이 달랐습니다.

'백제와 고구려는 연이은 싸움으로 지쳐 있다. 이 틈을 놓쳐서는 안 된다.'

진흥왕은 때를 놓칠 세라 이사부를 불러 도살성과 금현성을 치게 했던 것입니다. 군사를 이끌고 나아간 이사부는 고구려군과 싸워 금현성을 빼앗고, 백제군을 무찌르고 도살성을 함락시켰습니다.

"무엇이, 신라가 동맹 관계를 깨뜨리면서까지 우리를 공격했다고? 믿는 도끼에 발등을 찍어도 유분수지!"

백제 성왕의 분노는 이만저만이 아니었습니다. 그러나 당장 신라를 치기엔 백제로서는 아직 때가 일렀습니다. 고구려가 가진 한강 유역을 차지하기엔 신라의 도움이 필요했습니다.

신라 또한 마찬가지였습니다. 곧 진흥왕은 백제에 사신을 보내어 백제 성왕의 분노를 누그러뜨렸습니다.

이렇게 해서 동맹 관계를 유지한 두 나라는 551년, 고구려가 차지한 한강 유역의 정복에 나섰습니다. 두 나라가 합심하여

군사를 일으키니 고구려로서는 뒤로 물러날 수밖에 없었습니다.

이리하여 신라는 죽령을 넘어 북쪽으로 고현 이남 지역의 10군을 빼앗고, 한강 유역의 6군을 되찾았습니다.

그러나 진흥왕의 야심은 거기서 멈추지 않았습니다. 삼국통일을 이루기 위해선 백제가 차지한 땅이 필요했던 것입니다. 한강 유역은 비옥한 토지 뿐만 아니라 풍부한 수량과 편리한 교통 때문에 전략상 대단히 중요한 곳이었습니다.

진흥왕은 다시 군사를 일으켰습니다. 마음을 놓고 있던 백제군은 신라군이 물밀 듯 쳐들어오자 한강 하류 지방을 고스란히 내어 주게 되었습니다.

"신라가 또 배신을 했군!"

백제의 성왕은 신라가 동맹을 깨뜨린 것에 격분하여 복수하기로 마음 먹었습니다. 554년, 성왕은 직접 군사를 이끌고 신라의 관산성을 공격하였습니다. 관산성은 지금의 옥천 지방으로 신라가 장차 대전, 논산 지역을 공격하려고 마련한 군사 요지였습니다.

백제군이 물밀 듯이 쳐들어오자 신라군은 위협을 느끼고 응원군을 요청했습니다.

"관산성을 빼앗기면 상주가 위태롭고, 가야 군사들이 들고 일어날 것이다!"

진흥왕은 관산성 싸움의 중요성을 잘 알고 있었습니다. 그리하여 김무력 장군에게 백제군에 대항하도록 명했습니다.

김무력은 급히 군사를 이끌고 관산성으로 갔습니다.

"조금만 일찍 왔더라도 관산성을 손아귀에 넣을 수 있었는

데……."

 백제의 성왕은 신라의 응원군이 도착했다는 소식에 다시 군사를 지휘하며 전장으로 나섰습니다. 그러나 신라군은 미리 매복해 있다가 백제군을 기습했습니다.

 성왕은 고전분투했지만 결국 신라군에게 사로잡혀 전사하고 말았습니다. 왕을 잃은 백제군은 신라군에게 대패하고 말았습니다. 김무력이 이끈 신라군은 이 싸움에서 3만 명 가량의 적을 전멸시키는 대승을 거두었습니다.

 관산성 전투는 백제와 신라 모두 국가의 운명을 걸고 임했던 전쟁이었습니다. 이 싸움은 고대 국가 전쟁 중 가장 피비린내 나는 전쟁으로 기록되고 있습니다. 이 싸움의 승리로 신라는 나날이 강성해졌고, 백제는 쇠퇴의 길을 걸었습니다.

 562년, 진흥왕은 이사부로 하여금 대가야를 공격하도록 하였습니다. 대가야의 정벌에서는 사다함이란 화랑이 큰 공을 세웠습니다. 대가야를 멸망시키자 부근의 낙동강 유역의 여러 가야국들은 자진하여 신라에 항복하였습니다.

 이로써 신라는 한강 유역뿐 아니라 기름진 낙동강 유역까지 모두 차지하여 국토가 4배 이상 넓어졌습니다.

 이로써 진흥왕은 훗날 신라가 삼국을 통일할 수 있는 발판을 마련하고 576년 44세로 세상을 마쳤습니다.

조선을 세운 이성계

1317년 고려 충숙왕 4년 10월 11일 밤, 함경도 회령에서 이성계는 태어났습니다. 어릴 적 이성계의 이름은 중결이었습니다.

이성계가 장군으로서 신임을 얻기 시작한 때는 박의란 자의 반란을 토벌한 뒤였습니다. 이로써 이성계는 공민왕의 총애를 얻어 동북병마사라는 높은 벼슬을 하게 되었습니다. 이 벼슬은 오늘날의 국경수비대 총사령관에 야전사령관을 겸한 것입니다.

장군으로서 이성계의 전공은 날로 화려해져 갔습니다.

1362년 7월, 원나라의 장수 나하추가 군사 4만여 명을 거느리고 고려를 쳐들어왔습니다. 이성계는 덕산에서 이들을 순식간에 섬멸해 버리고 살아남은 적군들을 두만강 밖으로 몰아냈습니다.

나하추는 다시 힘을 모아 대군을 이끌고 고려를 쳐들어왔으나, 번번이 이성계에게 패하고 돌아갔습니다.

뿐만 아니라 이성계는 국경 지역에서 도적질을 일삼던 홍건적을 무찔렀습니다. 또 만주에 살던 여진족이 함경도 지방을 습격하자 이들을 나라 밖으로 추방하는 등 연이어 빛나는 전승을 올렸습니다. 그러다보니 자연히 백성들은 그를 우러르며 따랐습니다.

이 무렵, 조정은 이인임 일파가 권력을 잡고 나라 일을 어지럽히고 있었습니다.

한편 중국의 명나라에서는 고려에 사신을 보내 철령 이북의 땅이 옛 원나라 영토였다며 돌려 달라고 억지를 부렸습니다.

"이번 기회에 요동을 정벌하여 명나라의 기세를 꺾어 놓아야 합니다."

최영은 요동 정벌을 주장하여 우왕의 허락을 받았습니다. 그러나 이성계는 요동 정벌을 반대하고 나섰습니다. 왜냐하면 그것은 현실적으로 너무 무모하다고 생각되었기 때문입니다.

"아니 되옵니다. 더운 여름철에 군사를 움직이는 것은 힘이 들고, 지금 군사를 북쪽으로 돌리면 그 틈에 왜구들이 침범할 것이옵니다. 또, 장마철이라 무기가 녹슬고 군사들이 전염병에 노출될 위험이 있사옵니다. 무엇보다 현재 명나라는 고려보다 힘이 강대합니다."

이성계의 주장은 어느 것 하나 어긋남이 없었습니다. 하지만 우왕과 최영은 요동 정벌을 강행하였습니다.

우군 도통사에 임명된 이성계는 좌군 도통사인 조민수와 함께 군대를 이끌고 압록강에 있는 위화도까지 갔습니다. 이 때 큰 비가 내려 군사들은 섬에 갇히게 되었고, 전염병까지 퍼져서 큰 곤욕을 치러야 했습니다.

이성계는 군사를 되돌리게 해 달라는 장계를 올렸으나, 우왕은 거절했습니다. 8도 도통사로서 우왕과 함께 조정에 남아 있던 최영 장군마저 회군을 반대했습니다.

"우리 군사들을 이대로 죽게 할 수는 없다!"

이성계와 조민수는 마침내 위화도에서 군사를 되돌려 개성으로 진격해 갔습니다.

"이성계가 정벌군을 이끌고 개성을 치러 온다."

이 다급한 소식을 듣고 최영은 얼마 되지 않는 군사를 이끌고 나가 맞섰습니다. 그러나 밀리기를 거듭하다 결국 우왕과 함께 대궐 후원 화초밭 속에 숨어야 했습니다.

이성계의 군사는 숭인문, 선임문을 차례로 부수고 들어와 만월대 궁궐을 차지하기에 이릅니다.

"아, 이제 고려는 망하는구나!"

일흔세 살의 늙은 장수 최영은 길게 탄식하였습니다.

이성계는 최영을 향해 말했습니다.

"나는 장군을 돕고자 했으나 하는 수 없었소. 장군은 나를 야속하다고 하지 말고 보내는 곳으로 가서 조용히 지내시오."

여러 장수들은 최영을 죽이자고 했으나 이성계는 그를 고양으로 귀양 보냈습니다. 그러다가 두 달 후 생각을 바꾼 이성계는 최영을 처형했습니다.

최영은 처형당할 때 이렇게 외쳤습니다.

"내가 나라를 위해 큰 일을 계획했으나 뜻을 이루지 못하고 죽으니 참으로 원통하기 그지 없다. 내가 일신의 영달을 꾀했다면 모르거니와 추호도 그런 마음이 없었다. 나는 오직 나라를 위하여 충성을 다했을 뿐이니, 이는 나 죽은 후 내 무덤을

보면 알게 될 것이다."

과연 그가 죽은 후, 그의 무덤에는 영영 풀이 나지 않았습니다. 그래서 사람들은 그 무덤을 일러 '붉은 무덤'이라고 불렀습니다.

이렇게 하여 이성계는 권력을 한 손에 거머쥐었습니다.

충신 정몽주는 이성계 일파와 끝까지 손잡지 않고 선죽교에서 죽음을 당했습니다.

"어서 왕위에 오르소서!"

따르는 무리들이 권하였으나, 이성계는 섣불리 임금 자리에 앉지 않았습니다. 천천히 한 단계씩 밟고 올라가며 주위의 형편을 살폈습니다.

마침내 1392년 이성계는 58세의 나이로 왕위에 올랐습니다.

또, 다음 해인 1393년 3월 15일에 나라 이름을 '조선'으로 바꾸었습니다.

새 왕조의 최대 문제는 수도를 옮기는 것이었습니다. 개성은 고려 4백 년을 떠올리게 하고 옛 귀족 세력이 버티고 있었기 때문이었습니다. 그리하여 태조 이성계는 도읍을 개성에서 한양으로 옮기고 '유교'를 근본으로 삼아 신중하게 나라의 기틀을 닦았습니다.

그러나 이성계가 태조로 즉위하면서부터 세자 책봉 문제가 목의 가시가 되었습니다. 결국 왕자들은 왕위 쟁탈전을 벌여 피를 보고 말았습니다. 서로 왕이 되고자 자식들끼리 칼부림하는 모습을 보고 이성계는 권력에 대한 회의가 일었습니다. 그리하여 옛 고향 함경도로 떠났습니다.

그런데 이 무렵, 함경도 일대에서는 안변부사였던 조사의의

반란이 일어났습니다. 진압은 즉시 이루어졌지만, 함경도 일대의 정세는 불안하기 짝이 없었습니다.

태종 이방원은 문안사를 보내 아버지 이성계를 모셔오도록 했습니다. 이성계는 방원이라는 이름은 듣기조차 지겨운 터라, 문안사들이 오면 활로 쏘아 죽이곤 했습니다. 함흥차사란 말은 여기에서 유래되어 오늘날 나가서 돌아올 줄 모르는 사람을 흔히 함흥차사라 하지요.

기다리다 못해 태종 이방원은 이성계가 가장 아끼고 존경하던 무학 대사를 보냈습니다. 이성계는 결국 무학 대사의 권유로 한양으로 돌아왔습니다.

이렇게 하여 이성계는 태종의 곁에서 만년의 슬픔과 고독을 안고 세상을 마쳤습니다. 때는 1408년 5월 24일 태종 8년이었습니다.

일대 개혁 정치를 단행한 흥선 대원군

흥선 대원군은 1820년 영조의 증손자인 남연군의 아들로 태어났습니다. 그렇지만 어릴 때부터 기를 펴지 못하고 자랐습니다.

이 무렵 나라 안팎은 뒤숭숭했습니다. 특히 안동 김씨와 풍양 조씨 등의 외척 세력이 권력을 휘두르고 있었습니다. 말이 좋아 임금이지 허수아비나 다를 바 없는 게 임금이었습니다. 또한 외척들은 똑똑한 왕족이 눈에 띄면 죽여 버리고야 마는 무서운 세상이었습니다.

왕족 남연군의 넷째 아들인 하응이도 그래서 다른 종친들과 마찬가지로 기를 펴지 못한 것입니다.

하응이는 어릴 때 아버지에게 글을 배웠습니다.

"아버지, 저는 아무리 공부를 잘해도 큰 벼슬을 할 수가 없지 않습니까?"

"그래, 세도가들이 벼슬을 줄 리가 없지. 그렇다고 해도 사람으로 태어났으니 학문을 게을리해서는 안 된다."

하응이는 학문을 익히고 그림도 그렸습니다. 외로움과 괴로움을 그림에 쏟아 부어서, 뒷날 흥선 대원군은 훌륭한 작품을 많이 남겼습니다. 특히 대나무와 난초 그림 솜씨는 어느 화가 못지 않았습니다.

순조가 죽고 헌종이 즉위했을 때는 안동 김씨 일파가 권력을 휘어잡고 왕족들을 거세게 억압했습니다.

이하응은 24세 때인 1843년에 흥선군의 칭호를 받았으나 아무런 도움도 되지 못했습니다.

"잘못하다가는 안동 김씨 일파에게 역적으로 몰려 죽는다!"

이하응에게는 인고의 세월이었습니다. 그는 일부러 미친 척하며 거지 차림으로 돌아다녔습니다. 부랑배와 어울려 술도 마시고 세도가의 집을 찾아다니며 구걸도 하였습니다.

그뿐이 아니었습니다. 세도가들의 잔칫날이면 빼놓지 않고 찾아가 언제나 구석 자리에서 게걸스레 술과 음식을 얻어 먹었습니다. 게다가 낡고 허름한 옷에 흐트러진 모습이라니! 그것은 거지 중에서도 상거지였습니다. 그래서 끝내는 '초상집 개'라는 소리까지 들었습니다.

그러나 흥선군은 어떤 비웃음과 구박 속에서도 결코 자신의 속내를 드러내 보이지 않았습니다.

"참새가 어찌 봉황의 큰 뜻을 알리……. 어디, 두고 보아라, 이놈들!"

그는 기어코 뜻을 이루어 안동 김씨들의 세도를 꺾고야 말겠다고 다짐했습니다.

흥선군은 살아 남기 위해서 스스로 미친 척하는 등 갖은 수모를 당했습니다. 어느 날 세도를 잡고 있는 안동 김씨들의 봄

놀이 술잔치가 있었습니다. 그 잔치판에 부르지도 않았는데 이하응은 스스로 모습을 드러냈습니다. 그리고 며칠 굶은 사람마냥 술과 안주를 게걸스럽게 먹었습니다. 그리고 먹을 만큼 먹었다는 투로 배를 두드렸습니다.

"술과 음식에다 자연을 벗삼으니 어찌 즐겁지 않으리요. 그렇지 않습니까, 대감?"

홍선군은 들고 있던 술잔을 놓으며 곁에 있는 사람에게 말했습니다.

"대감, 이제 다 자셨소?"

곁에 있던 사람은 홍선군의 대답을 피한 채 시비조로 물었습니다.

"허허, 벌써 다 먹다니오. 배를 만져 보니 아직 멀었소. 그런데 나 혼자 먹기 참 미안하구료. 함께 좀 드시지요."

술에 취한 홍선군은 혼자 상 앞에 앉아 음식을 독차지한 것이 미안한지, 이렇게 얼버무렸습니다.

"혼자 양껏 잡수시오. 대감 혼자서도 부족할 것 같소."

다른 사람이 나서며 빈정거리는 투로 말했습니다.

"나 혼자서 무슨 수로 다 먹겠소?"

"다 못 자시면 싸가셔도 되오. 대감이 먹다 남긴 찌꺼기를 개나 먹지 누가 먹겠소?"

그 말에 홍선군은 눈썹을 꿈틀거리며 수저를 상 위에 놓았습니다. 그러나 이내 홍선군의 눈동자의 초점이 흐려지면서 너털웃음이 터져 나왔습니다.

"허허, 거 좋은 말씀이오. 나 같은 비렁뱅이가 이렇게 좋은 술과 고기를 대하니 혀가 꼬여 견딜 수가 없구료. 같이 먹기

싫으면 내가 천천히 먹어 치우리다."

홍선군은 또다시 술과 안주를 먹었습니다.

어느덧 해가 기울어지면서, 저녁 하늘에 한 점 먹장 구름이 퍼지자 술잔치는 파장이 되었습니다.

이 후 홍선군은 한층 더 넉살 좋은 주정뱅이가 되었습니다. 더 숱한 모욕과 멸시를 받으면서 세도가들의 눈을 속이기 위해서 미친 척하며 하루하루를 지냈습니다.

그러면서 남모르게 조대비의 조카를 통해 조대비와 장래를 약속했습니다. 조대비 역시 안동 김씨들의 세도에 불만을 품고 있었습니다.

오랜 인고의 세월 끝에 홍선군은 마침내 뜻을 이룰 수 있었습니다.

1863년 철종이 왕자 없이 세상을 떠나자 조대비는 중신들을 모아 놓고 왕위 계승 문제를 꺼냈습니다.

"다음 상감으로는 누구를 정했으면 좋겠소?"

안동 김씨 일파는 조대비의 질문에 쉽게 대답을 하지 못했습니다. 이 때를 노려서 조대비는 대못을 박듯이 말했습니다.

"홍선군의 둘째 아들 명복을 익성군으로 봉하여 다음 상감으로 정하겠소!"

이렇게 하여 홍선군의 아들 명복은 열두 살의 나이에 왕위에 올라 조선의 제 26대 고종이 되었습니다.

온갖 멸시와 조롱을 당했던 홍선군은 이로써 하루아침에 대원군이 되었습니다. 임금의 아버지로서 권력까지 잡게 되었으니 세상 사람들이 깜짝 놀랄 일이었지요.

홍선 대원군은 고종을 왕위에 세우게 되어 권력을 쥐게 되자 먼저 세도가들부터 몰아내었습니다. 또, 당파 싸움의 원인이 되었던 서원을 철폐하는 등 일대 개혁 정치를 단행하였습니다.

또한 흥선 대원군은 왕실의 권위를 높이기 위해 경복궁을 중건했습니다. 그러나 이 사업을 위해 세금을 너무 많이 매기는 바람에 백성들의 원한을 사기도 했습니다.

흥선 대원군은 쇄국 정책을 써서 서양인들이 나라에 들어오는 것을 막았습니다. 그로 인해 새로운 서양 문화의 유입이 늦어져 나라의 근대화를 더디게 하기도 하였습니다.

1873년, 고종이 나이가 들어 직접 정치를 하면서 흥선 대원군은 정치에서 물러났다가 임오군란을 계기로 다시 정권을 잡기도 하였습니다.

이밖에도 흥선 대원군의 파란 만장한 일생은 많은 일화로 전해지고 있답니다.

청해진의 왕자 장보고

오늘은 드디어 모험길에 오르는 날이었습니다. 소년들은 가까운 바다를 한 바퀴 돌고 오겠다고 거짓말을 해서 배를 빌렸습니다.

배를 타고 당나라로 건너 갈 생각이었지만, 사실대로 말했다간 부모에게 붙들려 주저앉을 게 틀림없었기 때문이었습니다. 소년들의 꿈은 당나라에 가서 크게 성공하는 것이었습니다.

배는 쉬지 않고 달렸습니다. 배에서 저녁을 드는 소년들의 모습은 하나같이 즐거워 보였습니다.

"자, 이제부터 번갈아 가며 자기로 하자. 넷은 자고 셋은 배를 지킨다."

대장으로 뽑힌 소년의 이름은 궁복이었습니다. 여느 소년과 다르게 그는 기골이 장대하고 눈빛이 매서웠습니다.

밤낮으로 파도와 싸우기를 며칠, 점점 서쪽으로 달리던 궁복의 배는 마침내 당나라 땅에 닿았습니다.

"야, 드디어 당나라다!"

소년들은 바다가 떠나갈 듯 환성을 울리며 기뻐하였습니다. 그러나 당나라 땅에 발을 딛자마자 새로운 걱정이 기다리고 있었습니다.

"무슨 일을 해서 먹고 살아간담."

나이가 어리고 맨 몸으로 온 처지로서는 남의 집 고용살이밖에 할 것이 없었습니다. 이리하여 여러 소년들은 모두 당나라 사람 집에 흩어져서 일을 하게 되었습니다.

궁복은 우선 말을 배우는 데 큰 고생을 하였습니다. 게다가 남의 집 종살이를 하며 받는 설움을 꾹 참고 일하기란 여간 어려운 일이 아니었습니다.

이러한 어려움 속에서도 궁복은 큰 뜻을 품고 무예를 닦는 일을 게을리하지 않았습니다.

궁복의 무예는 날로 발전하여 동네 사람들을 놀라게 하였습니다. 남의 집 머슴살이를 하는 신라 소년의 뛰어난 솜씨에 당나라 사람들은 하나같이 혀를 내둘렀습니다.

세월이 흘러 그는 훌륭한 무장이 되었습니다. 그의 주위에서는 아무도 그와 맞설 사람이 없게 되었던 것입니다.

그러던 어느 해, 당나라에서 무예 시험을 본다는 소문이 퍼졌습니다. 무예를 공부한 젊은이라면 누구나 이 시험에 붙기를 바라고 있었습니다.

'나도 시험을 쳐 보리라. 시험관이 나를 신라 사람이라고 차별하지만 않는다면……'

궁복은 마침내 두근거리는 가슴을 안고 시험장에 나갔습니다. 시험장에 선 그의 모습은 참으로 늠름하였습니다. 딱 벌어

진 어깨에 불을 쏘는 듯한 눈길, 모두가 젊은 장수의 풍채를 연상케 하였습니다.

창을 거머쥔 궁복은 있는 힘을 다해 재주를 발휘하였습니다. 시험관은 크게 놀랐습니다.

"아니, 저 무사는 누구요?"

"신라 땅에서 온 이름 없는 무사 장궁복이라 하오!"

"음."

시험관은 비록 이국땅의 청년이기는 하나 그의 실력을 인정하지 않을 수 없었습니다.

"장궁복, 장원!"

그러자 시험장이 떠나갈 정도로 우렁찬 박수 소리가 터져 나왔습니다.

이렇게 하여 궁복은 서주 무령군의 소장이 되었습니다.

이 궁복이란 젊은이가 바로 훗날 신라의 바다를 지킨 장보고입니다.

장보고는 서주에서 소장으로 생활하면서 신라인의 비참한 실상을 뼈저리게 느끼게 되었습니다. 해적들에게 납치되어 이곳 당나라 땅에 노예로 팔려 온 신라 소년들을 여기저기서 목격하게 된 것입니다.

그들은 강제 노역에 시달리면서 참담한 생활을 하고 있었습니다. 또한, 해적들은 아이들을 납치할 뿐만 아니라 신라의 상선에도 막대한 피해를 입혔습니다.

장보고는 더 이상 이를 지켜보고만 있을 수 없었습니다.

"신라 관료들은 대체 뭘 한단 말인가. 오냐, 내가 신라로 가서 조국의 바다를 지켜보겠다."

이렇게 결심한 장보고는 곧장 신라의 조정으로 들어가 임금을 뵈었습니다.
"상감 마마! 소신은 어려서부터 외로운 몸으로 바다를 벗삼아 자랐사옵니다. 그러다가 소신의 노력으로 당나라의 군관 자리에 올랐사온데, 그것은 어디까지나 당나라가 소신을 믿었기에 준 벼슬인 줄 아옵니다. 하오나 소신은 자나깨나 고국이 그리웠으며, 동포들의 불행을 차마 그대로 보아 넘길 수가 없었습니다. 그러기에 소신은 모든 것을 버리고 고국에 돌아왔사옵니다. 상감 마마! 소신은 오로지 나라를 위해 바다를 지켜보겠다는 생각뿐이오니 소신의 충정을 깊이 살펴 주시옵소서!"
장보고는 비장한 목소리로 임금께 호소하였습니다.
"그대의 충정은 알겠소. 그런데 그대가 무슨 재주로 바다를 지키겠다는 거요."
임금은 자못 진지하게 물었습니다.
"한 가지 계책이 있사옵니다. 옛부터 청해 땅은 당나라와 일본을 연결하는 바다의 요충지온즉 이 곳에 진을 설치하오면 동서로 해상 교통을 살필 수가 있고, 수군을 훈련하여 해적들을 없애기에도 적당하리라 여겨지옵니다."
장보고의 말을 들은 임금은 신하들과의 회의 끝에 장보고를 청해진 대사로 임명하기로 결정하였습니다.
그는 청해진 땅으로 내려가 망루를 높이 세우고 성에는 울타리를 둘러쳤습니다. 그리고 창고를 서둘러 세우고, 항구 시설을 고쳤습니다. 그러자 청해 땅이 활기를 띠기 시작했습니다.

전라도 남단의 요충지 완도 땅! 이 곳이야말로 동남으로는 일본의 대마도와 연결되고 서남으로는 바다 건너 당나라의 대륙을 언제나 지켜볼 수 있는 곳이었습니다.

이리하여 청해진은 왜구와 해적 소탕의 본거지가 되었습니다.

장보고의 활약은 해적을 물리쳐 뱃길의 안전을 확보하는 데에만 그치지 않았습니다. 더 나아가 신라의 물건을 당나라나 일본에 싣고 가서 장사를 시작하였던 것입니다.

이렇듯 신라 수군의 철통 같은 바다 경비로 말미암아 신라와 당나라, 일본 세 나라의 상품을 실은 배들이 마음 놓고 오가며 무역을 할 수 있었습니다.

장보고가 청해진 대사로 크게 활약하고 있을 무렵, 신라는 삼국 통일 이후 오랫동안 태평 세월을 누리고 있었습니다. 이렇게 되자 차츰 귀족들 사이에 권력 다툼이 싹트기 시작하더니, 836년 흥덕왕이 죽자, 왕족끼리의 왕위 다툼이 아주 노골적으로 시작되었습니다. 이 왕위 쟁탈전에 장보고의 청해진 부대도 아찬 김우징의 편에 가담하게 되었습니다.

3년 동안의 피비린내 나는 왕위 쟁탈전은 청해진 부대의 위력을 등에 업은 김우징의 승리로 막을 내렸습니다. 이것이 839년의 일입니다.

김우징은 반정을 일으켜 임금이 되었으나 그의 뜻을 제대로 펴 보지도 못한 채 그 해 7월에 갑자기 병이 나서 죽고 말았습니다. 김우징 다음으로 아들 경응이 왕위를 이으니, 이가 문성왕이었습니다. 문성왕은 장보고의 공을 치하하고 진해 장군으로 봉했습니다.

그러나 문성왕을 둘러싼 왕족들은 장보고를 항상 두려워하고 싫어하였습니다. 그것은 장보고의 군사가 정부의 군사보다 더 강하기 때문이었습니다.

어느 날 장보고는 예전의 김우징과의 약속을 떠올려 보았습니다. 문성왕이 즉위하면 그의 딸을 왕비로 맞이한다는 언약이 그것이었습니다. 그러나 조정에서는 장보고가 강한 군대를 지닌 장군이지만 일개 미천한 신분이라는 점을 들어 혼인을 거부하였습니다.

이 같은 소식을 전해 들은 장보고는 배신감에 사로잡혔습니다. 그러나 이런 장보고는 안중에도 없이 조정에서는 새로운 음모를 꾸미고 있었습니다.

"잘 아시다시피 청해진의 세력은 조정을 누르고도 남음이 있소. 그들에게 실력으로 대항하다가는 불상사가 나고 말 것이오. 그러니 한 두 사람의 힘으로 살짝 하면, 소란 없이 쉬 성공할 것이오."

그리하여 장보고의 옛 부하 중에 염장이란 자를 시켜 장보고를 암살토록 하였습니다.

염장은 장보고를 만나 간사한 목소리로 아주 그럴 듯하게 말하였습니다.

"조정에서 하는 일이 도무지 마음에 맞지 않습니다. 부디 옛 정을 생각하여 거두어 주십시오."

장보고는 어리둥절해졌지만 곧 쾌히 그를 받아들이기로 하였습니다.

"그대가 내 수하에 있겠다니 내 기꺼이 그대를 받아들이리다."

장보고는 잔치를 열어 그를 즐겁게 대접하였습니다. 그런데, 잔치가 흥겹게 무르익을 때였습니다. 염장은 이상한 눈초리로 장보고를 찬찬히 들여다보더니 술잔을 기울이고 있는 장보고 곁으로 갔습니다. 그러더니 다짜고짜 장보고의 허리에서 칼을 뽑아 그의 가슴을 푹 찌르고 말았습니다.
　얼마동안 염장을 뚫어질 듯이 쏘아보던 그는 아무 소리도 못하고 앞으로 푹 쓰러지고 말았습니다.
　청해진의 하늘은 온통 슬픔으로 가득찼습니다.
　해상의 수호신을 죽이고 청해진까지 없애버린 신라! 그 통일 신라에서도 어느덧 밝은 태양이 사라져 가고 있었습니다.

네 말도 옳구나! 황희

고려 공양왕 2년인 1390년 어느 여름 날이었습니다. 햇볕이 몹시 따가운 듯, 선비는 얼굴이 벌겋게 익어 갔습니다. 잠시 쉬어 갈까 하고 선비는 조랑말에서 내려 풀밭에 주저앉아 땀을 훔치기 시작했습니다.

"이랴, 쯔쯧……."

마주 보이는 밭에는 늙은 농부가 땀을 뻘뻘 흘리며 두 마리의 소를 몰고 있었습니다. 선비는 노인에게 점잖게 말을 건넸습니다.

"노인장께서 밭을 가시느라 퍽 힘드시겠습니다. 여기 앉아 잠시 쉬시지요."

"고맙소."

노인은 선비 곁에 앉더니 허리춤에서 담뱃대를 뽑아 들었습니다.

"소들이 퍽이나 튼튼하게 생겼군요. 일을 잘하겠어요."

"잘하고 말고요."

황희는 아무리 힘든 일이라도 말없이 잘 해치울 것 같은 두 마리의 소가 썩 마음에 들었습니다.
"두 마리 모두 노인 댁 소입니까?"
"웬걸요. 저 검은 놈은 우리 것이오만 저 누런 놈은 이웃집에서 빌려온 것입니다."
풀을 뜯어 먹고 있는 두 마리 소를 가리키며 노인이 말했습니다.
"그런데 저 두 마리 중에 어느 놈이 일을 더 잘합니까?"
노인은 한동안 말이 없다가 비로소 입을 열었습니다.
"여보, 젊은 양반. 귀 좀 빌려 주시오."
나지막한 목소리였습니다. 무슨 일인지 노인은 선비의 귀에 입을 갖다 대고 소곤거리는 것이었습니다.
"저 누런 소가 힘이 더 세다오. 그 놈은 잘 먹고 살이 쪄 일도 썩 잘한다오."
"그래요?"
그러면서 선비는 눈이 둥그레졌습니다. 귀에다 대고 소곤거릴 만큼 색다른 이야기가 아니었기 때문이었습니다.
"그런데 노인께서는 무엇이 꺼림칙해서 이렇게 가만가만 일러주십니까?"
노인은 하늘을 향해 담배 연기를 잔뜩 뿜어내며 입을 열었습니다.
"여보게 젊은 양반. 아무리 사람의 말을 못 알아듣는 짐승이라 하지만, 어느 놈은 잘하고 어느 놈은 못한다는 말을 들으면 싫어하는 법이오."
'음, 그렇구나!'

선비는 아차! 하고 깨달았습니다. 노인에게 꿀밤이라도 한 대 얻어 맞은 느낌이 들었습니다. 선비는 몇 번이고 고개를 끄덕거리며 마음을 다져 먹었습니다.

'짐승이든 사람이든 남의 잘잘못을 들먹이거나, 남을 두고 이러쿵저러쿵 함부로 지껄여서는 안 되는 법이지. 잘 명심해 두어야겠다.'

선비는 이 낯선 노인으로부터 참으로 훌륭한 것을 배웠다고 생각했습니다. 이 젊은 선비가 바로 훗날 우리 나라 제일의 정승이 되신 황희였습니다.

벼슬길에 오른 황희는 그의 어질고 착한 인품과 대쪽같이 곧은 성격으로 차츰 조정이나 백성들 사이에 널리 알려지게 되었습니다.

어느덧 황희는 최고의 벼슬인 영의정으로 임명되었습니다.

그 때가 세종 13년인 1431년, 황희의 나이가 69세 되던 해였습니다.

어느 날 황희는 모처럼 틈을 내어 책을 읽고 있었습니다.

그런데 웬일인지 바깥이 떠들썩하였습니다. 두 계집종이 서로 잘했느니 잘못했느니 바락바락 고함을 치며 다투는 중이었습니다.

이윽고 그 중 하나가 황희 앞으로 들어와 땅을 치며 하소연하는 것이었습니다.

"분이 년이 쉰네한테 마구 욕을 하고 있어요. 자기가 잘못해 놓고서는 되레 쉰네를 욕하옵니다."

분이를 꾸짖어 달라는 것이었습니다.

그러자 분이란 계집종도 쪼르르 뛰어 들어왔습니다.

"아니옵니다, 대감 마마. 쇤네 잘못이 아니옵니다."

이에 황희는 부드러운 웃음을 짓더니 두 계집종을 번갈아 가리키며 입을 열었습니다.

"네 말도 옳고, 네 말도 옳다."

"예?"

무슨 대답이 그러냐는 듯이 방안에 있는 모든 사람들이 황희를 쳐다보았습니다. 갓 쓰고 점잖게 앉아 있던 황희의 조카가 드디어 입을 열었습니다.

"숙부님께서는 무슨 대답을 그리 아리송하게 하십니까? 누가 한 짓은 어디가 잘못이니 어떻게 하라든지, 옳고 그른 것을 분명히 따지고 가려 주셔야지요."

황희는 잠시 동안 잠자코 있더니 천천히 입을 열었습니다.

"네가 한 말도 또한 옳다."

이번에는 무슨 뚜렷한 말씀이 계시리라고 생각했던 방안 사람들은 다시 한 번 어안이 벙벙해졌습니다.

"그러시면 싸움의 잘잘못이 가려지지 않습니다. 싸우지 않도록 잘라 말씀하셔야지요."

조카가 다시 말했습니다.

"아니다."

간단히 대답할 뿐 황희는 입을 다물고 책을 보기 시작하는 것이었습니다.

'사람은 누구나 자기의 잘못을 깨닫지 못하고 남의 잘못만 골라 내기 때문에 싸움이 벌어지는 것이다. 사람은 언제나 제가 한 일부터 되새겨 보아야 한다. 자기의 잘못을 먼저 깨닫고 보면 옳거니 그르거니 싸움이 생기지 않는 법이다.'

황희는 그렇게 말할 노릇이었으나, 짐짓 입을 다물어 버린 것이었습니다.

그 자리에 있던 사람들은 아무도 황희의 말 속에 숨은 뜻을 당장에는 깨닫지 못하였습니다. 그러나 시간이 지나자 모두들 '그렇구나!' 하고 저마다 고개를 끄덕이기 시작하였습니다.

"쇤네가 잘못하였습니다."

일전에 서로 싸웠던 계집종 하나가 황희한테 그렇게 아뢰고 돌아갔습니다.

잇달아 분이란 계집종이 또 들어왔습니다.

"쇤네의 잘못이옵니다."

황희는 이러한 모습을 보고 껄껄 웃기만 하셨습니다.

황희 정승의 눈부시게 빛나는 업적은 낱낱이 헤아려 보기가 어려울 정도입니다. 위로 어진 임금을 모시고 아래로 똑똑한 신하들을 거느려 황희가 영상으로 있던 그 시절 20여 년은 한마디로 고금에 드문 태평한 시절이었습니다.

벼슬길에서 물러난 황희는 한가로이 낚시질을 하면서 소일하였습니다. 임진강에 나가 낚시대를 드리우고 앉은 모습이나, 뒷짐을 짚고 서서 멀리 떠가는 구름을 물끄러미 바라보는 황 정승의 모습은 마치 신선 같았습니다.

황희 정승은 90세가 되던 해 2월, 자는 듯 조용히 숨을 거뒀습니다. 황희 정승은 생애를 마칠 때까지 그 몸과 마음을 오로지 나라를 위해 바쳤습니다.

위대한 어머니의 표상 신사임당

사임당은 조선 연산군 때인 1504년에 강원도 강릉에서 신명화의 둘째 딸로 태어났습니다.

신사임당이 어렸을 적 일입니다. 어느 여름 날, 아버지 신명화는 더위를 잊고자 사랑에서 붓글씨를 쓰고 있었습니다. 이때 별안간 집안이 소란스러워졌습니다.

"웬 야단들이냐!"

신 진사는 붓을 내려놓고 책망하는 목소리로 말했습니다.

잠시 후, 어린 딸 아이의 울음소리가 들려왔습니다.

'저 애가 왜 울까? 여간해선 울지 않는 아이인데……'

신 진사는 딸 5형제를 두었지만 여러모로 이 딸이 가장 대견스럽고 미더웠습니다. 부모의 마음을 누구보다도 잘 알아주고, 무슨 일에나 마음이 깊었습니다. 또 인물이 빼어났으나 교만한 데가 없고 글을 좋아하는 영리한 딸이었습니다.

신 진사는 딸 인선(신사임당의 어렸을 적 이름)의 방으로 들어갔습니다. 인선이는 대청 위에 찢어진 그림 두 폭을 들고 울

었습니다.

"글쎄, 다 된 그림을 닭이 이렇게 버려 놓지 않았겠어요?"

부인은 그림을 신 진사에게 보였습니다. 신 진사는 그림을 찬찬히 들여다보았습니다. 호롱불을 켜 놓은 듯한 빨간 열매를 매단 꽈리나무 밑에 파란 메뚜기가 한 마리 기어가는 그림이었습니다. 그런데 무참히도 그 허리통이 닭의 부리에 콕콕 찍혀 있었습니다.

'언제 이렇게 그림 솜씨가 늘었단 말인가?'

신진사는 한참 만에 그림에서 눈을 떼고는 흡족한 표정으로 딸의 등을 토닥여 주었습니다.

"울지 마라. 그 놈의 닭이 그만 감쪽같이 속았던 모양이구나. 네 그림이 살아 있는 메뚜기처럼 보였던 게야."

신진사는 껄껄 웃고 나서 딸의 머리를 쓰다듬어 주었습니다. 인자한 아버지 말에 울고 있던 인선은 환한 얼굴이 되어 어머니를 바라보았습니다.

이 소녀가 바로 뒷날 그 이름을 길이 떨친 신사임당이었습니다.

사임당은 어느덧 열아홉 살의 처녀가 되었습니다.

본래가 성품이 얌전하고 어머니 곁에서 바느질 같은 것을 즐겨 배우던 사임당은, 열 살이 되자 명주실을 색색으로 물들여 자수를 놓는 등 점점 더 그 재주가 익어 가고 차분해지기만 하였습니다.

골무에다 수를 놓고 상침(가장자리를 실밥이 겉으로 드러나게 꿰매는 일)으로 테를 둘러 몇 죽씩 빨간 수실로 꿰어 달아 상자 속에 넣어두곤 하였습니다. 그러면 명절 때나 외할머니 생

일 날 같은 때 친척들이 모일라치면 어머니는 으레 그것을 꺼내어 자랑삼아 하나씩 선물로 나누어 주는 것이었습니다.

친척이나 동네 사람들은 그 골무가 탐나 한 개라도 더 얻어 가기를 바랐고, 특히 딸이 없는 사람들은 더없이 부러워하였습니다. 그림에 뛰어난 사임당은 자수의 본도 스스로 그렸습니다.

한여름 삼복 더위에도, 사임당은 무엇인가 손에 들고 있어야 더위를 잊을 수 있었고, 한 가지를 다 끝내기 전에는 마음이 놓이질 않았습니다.

베개모, 퇴침, 염낭 주머니 같은 것은 물론, 하다못해 잣집이나 인두판집, 반짇고리 보까지 자기가 고안하여 기름이 똑똑 흐르도록 수를 놓아 만들었고, 어린 동생들의 누비 버선에다가도 자수를 놓아 주었습니다. 이러한 사임당의 소문은 마을에서 마을로 퍼져 온 고을에서 부러워하지 않는 사람이 없었습니다.

사임당은 19세 되던 해, 서울에 사는 이원수라는 22세의 청년과 약혼을 하게 되었습니다.

33세의 봄을 맞이한 사임당은 어느 날 이상한 꿈을 꾸었습니다. 푸른 물결이 넘실거리는 동해 바닷가에 홀로 이르니, 난데없이 선녀가 나타났습니다. 선녀는 바다 속으로부터 뽀얀 옥동자를 안고 나와 사임당 품에 안겨 주더니 홀연히 하늘로 사라지는 것이었습니다.

사임당은 이 꿈을 꾸고 나서 아기를 가져 12월 25일 마침내 아기를 낳았습니다.

그런데 그 전날 밤에도 사임당은 이상한 꿈을 꾸었습니다.

검은 비늘에 금빛 테두리를 한 큰 용 한 마리가 바다로부터 불쑥 날아오더니 사임당이 자고 있는 방 문지방에 서리는 것이었습니다.

깜짝 놀라 깬 사임당은 언젠가 꾼 선녀 꿈과 함께 마음속으로 이상히 여기던 중 이튿날 새벽에 사내 아기를 낳았던 것입니다.

이 아기가 바로 훗날 조선의 대학자가 된 이율곡입니다.

율곡이 다섯 살 되던 해, 어머니 사임당이 갑자기 무서운 병에 걸린 일이 있었습니다.

이 때 온 집안 식구들은 약을 구하러 뛰어다니느라 정신이 없어서 늦게서야 어린 율곡이 보이지 않음을 알게 되었습니다.

저녁 해는 뉘엿뉘엿 서산에 넘어가고 마당에는 땅거미가 지는데, 다섯 살 된 율곡은 동네를 샅샅이 뒤져도 나오지 않았습니다.

이 때 외할머니가 혹시나 싶어 뒤뜰에 나가 보니, 남편의 사당 섬돌 아래에 조그만 그림자가 보였습니다.

"아니 저건 현룡(율곡의 어릴 적 이름)이가 아니더냐."

자세히 보니 과연 율곡이었습니다. 어린 그는 앙증스럽게 꿇어 엎디어 고사리 같은 손으로 차디찬 땅을 짚고 무어라 열심히 중얼거리고 있었습니다. 얼마를 그랬는지 초겨울 저녁 바람에 어린 율곡은 몸이 꽁꽁 얼어 있었습니다.

외할머니 이씨 부인은 가슴이 뭉클하였습니다.

"저런…… 어린 것이 엄마의 병을 고쳐 달라고 외할아버지 연전에서 빌고 있었구나!"

외할머니는 외손자를 안아 일으켜 방안으로 얼른 데리고 들어갔습니다.

뒷날 조선 시대 5백 년을 통틀어 으뜸 가는 학자요, 성인이요, 정치가로 이웃 나라에까지 그 이름을 떨쳤던 율곡은 어릴 적부터 이러하였습니다.

사임당이 38세 되던 해, 네 아이는 강릉에 남겨두고 여섯 살 난 셋째 아들 이와 셋째 딸만을 데리고 막내 삼촌을 따라 서울로 가는 길이었습니다.

이제까지 서울 본댁에서는 시어머니 홍씨가 살림을 꾸려 왔는데, 이제 나이가 들어 며느리에게 살림을 맡겼기 때문이었습니다.

이 고개에서 멀리 친정 마을 북평이 보일 리는 없었지만, 그래도 아득히 고향 산천 위에 떠도는 구름 속에서나마 그리운 어머니의 얼굴을 마지막으로 보고 싶었던 것입니다.

생각해 보면, 이 고개를 넘을 때마다 얼마나 많은 눈물을 뿌렸던 것인가! 부인은 말할 수 없는 감회에 잠겨 가마 속에서 한 수의 시를 읊어 보았습니다.

> 늙으신 어머님 홀로 고향에 두고
> 외로이 서울로 떠나는 이 마음
> 돌아보니 북촌은 아득한데
> 흰 구름만 저문 산을 날아 내리네.

이 시에는 어머니를 그리는 딸의 애절한 마음이 잘 드러나 있습니다. 이 때 어머니 나이 62세, 오늘날과 달리 옛날에는

환갑 넘기가 어려웠으니, 효성스러운 딸 사임당의 심정이야 이해하고도 남음이 있습니다.

어릴 때부터 어머니에게 여자로서의 몸가짐을 바르게 하고, 음식과 바느질 솜씨를 익힌 신사임당은 한국 여성의 모범이 되었습니다. 더욱이 자녀 교육을 훌륭하게 시켜서 신사임당은 오늘날 위대한 어머니의 표상이 되고 있습니다.

독립 운동에 앞장 선 유관순

유관순은 1904년 충남 천안군 지령리에서 태어났습니다. 아버지 유중권은 일찍 개화 사상에 눈을 떠서 한때 교육에 뜻을 품고 흥호 학교를 세웠으나 경영난으로 빛을 보지 못했습니다.

어린 관순은 명랑하고 착실했지만, 한번 옳다고 생각한 일에는 끝내 고집을 꺾지 않았습니다.

1916년 3월, 관순은 고향 마을을 떠나게 되었습니다. 서울의 이화 학당에서 공부를 하게 되어 관순은 이화 학당에서 기숙사 생활을 시작하였습니다.

학교에서 관순의 생활은 무척 모범적이었습니다. 학교 규칙을 잘 따르고 무슨 일에든 앞장 섰습니다. 뿐만 아니라 어느 해 겨울에는 고구마를 팔아 가난한 고학생의 학비도 마련해 주었습니다.

이러한 관순에게는 한 가지 습관이 있었습니다. 저녁 무렵이면 이화 학당의 강당에 나가 하나님에게 기도를 드리는 것

이었습니다.

"하나님! 우리 민족이 일본인들의 횡포에 신음하고 있습니다. 이미 그들에게 많은 것을 빼앗겼습니다. 일본인들의 사슬에서 벗어날 수 있도록 우리 민족에게 힘을 주십시오."

관순은 이렇게 날마다 조국의 독립을 위해 기도했습니다.

어느덧 1919년, 유관순에게 운명의 해가 왔습니다.

16세가 된 관순은 즐거운 학교 생활을 하고 있었답니다.

어느 날, 관순은 친구와 함께 학교 뒤쪽에 있는 언덕으로 올라가게 되었습니다. 그 언덕에서는 서울 장안이 환히 내려다보였습니다.

"얘, 저기 좀 봐! 웬일일까?"

"덕수궁 안에 사람들이 바쁘게 움직이네?"

"무슨 일이 생겼나 봐!"

그런데 그 이튿날 오후였습니다. 신문에는 비통한 기사가 실려 있었습니다.

'고종 황제께서 뇌일혈로 돌아가시다!'

그러나 사람들 사이에서 이상한 소문이 나돌았습니다. 소문은 신문의 내용과 달랐습니다.

"고종 황제께서 독살 당하셨다는구만."

"뭐, 황제께서 독살을? 누가 그랬을까?"

"뻔하지 않나. 왜놈들 소행이겠지."

"이런 괘씸한 노릇이 있나!"

백성들의 가슴에는 피가 끓어 올랐습니다. 나라를 잃은 것도 서러운데 임금마저 잃게 된 것입니다. 더구나 왜놈들에게 살해되셨다니 참을 수 없는 일이었지요.

독립 지사들도 크게 분노했습니다. 당시 독립 지사들은 일본 경찰들 몰래 모임을 갖고 있었답니다.

"여러분 이제 더 이상 두고 볼 수가 없군요. 이제 우리의 목소리를 낼 때가 된 것입니다. 일본은 이제 우리의 임금마저 독살했습니다. 너무나 비통해 차마 말을 못하겠습니다. 이제 단결된 목소리로 우리의 독립을 외쳐야 할 때입니다."

독립 지사 손병희 선생은 울분을 토했습니다.

이렇게 해서 독립 지사들은 독립 선언서를 작성하였습니다.

독립 선언서는 여러 학교의 학생 대표들에 의해 순식간에 모든 학생들에게 전달되었습니다. 더 나아가 학생들은 서울 장안까지 독립 선언서를 뿌렸습니다.

독립 지사들은 3월 1일에 일을 치르기로 하였습니다. 탑골 공원에서 우리 나라의 독립을 외치기로 한 것입니다. 만세를 부르며 우리의 뜻을 세계 만방에 알리기로 했습니다. 모든 국민들이 원하는 대한의 독립을 부르짖기로 한 것입니다.

이 때 유관순은 이화 학당의 친구들과 함께 만세 운동에 참가하기로 다짐했습니다.

"우리도 나라 꼴을 가만히 보고 있을 수는 없어. 왜놈들은 너무나 우리 백성을 못 살게 했어. 그러다 우리 임금까지 독살하기에 이른 거야. 어떻게 우리가 참고만 있을 수 있겠니?"

유관순은 자신의 뜻을 밝혔습니다.

옆에 있던 서명학이란 친구가 유관순의 말에 맞장구를 쳤습니다.

3월 1일, 오후 2시.

민족 대표 33인은 인사동 태화관에 모였습니다. 그들은 우

리 나라의 독립을 선언했습니다. 그리고 '대한 독립 만세'를 외쳤습니다.

같은 시각에 파고다 공원. 사람들이 공원 가득 모여 있었습니다. 헤아리기 힘들 정도로 많은 사람들이었습니다. 그러나 그들은 모두 하나가 되어 한목소리로 외쳤습니다.

"대한 독립 만세!"

"대한 독립 만세!"

사람들은 가슴 깊이 묻어둔 태극기를 일제히 꺼내 흔들었습니다. 만세 소리는 갈수록 커져만 갔습니다. 사람들은 공원에서 거리로 쏟아져 나갔습니다. 너나 할 것 없이 모두 하나였습니다.

만세 소리는 곧 온 서울 거리에 울려 퍼졌습니다.

"아니, 이게 무슨 소리야. 대한 독립 만세라고? 이런 버러지 같은 놈들이……."

일본 총독부는 깜짝 놀랐습니다. 헌병 대장은 서둘러 병사들을 풀었습니다. 헌병들은 잔인하기 짝이 없었습니다. 사람들을 흩어지게 하려고 방망이로 내려치고 군화발로 마구 걷어차기도 했습니다. 그러나 군중들은 꿈쩍도 않고 독립 만세를 외쳤습니다.

"지독한 놈들. 모두 총알을 장전하라! 장전이 되거든 발사하도록."

마침내 헌병들은 총칼로 군중들을 죽이기 시작하였습니다.

그러나 사람들은 물러설 줄 몰랐습니다. 왜놈들의 총칼 앞에서 만세 소리는 더욱 커져만 갔습니다.

만세 운동에는 학생들이 많이 참가했습니다. 일본 총독부에

서는 학생들을 흩어지게 하기 위해 학교를 폐쇄하였습니다. 이화 학당의 학생들도 모두 제 고향으로 뿔뿔이 돌아가야만 했습니다. 유관순도 고향에 내려갈 수밖에 없었습니다.

유관순은 모처럼 가족과 함께 저녁을 먹었습니다. 식사 후 가족들이 모인 자리에서 유관순은 서울에서 일어난 만세 운동을 얘기했습니다.

"만세 운동을 중단해서는 안 되요! 서울에서 뿐만 아니라 전국의 모든 사람들이 외쳐야 하지 않겠어요?"

"네 마음이야 장하다마는 무슨 수로 사람들을 움직일 수 있겠니?"

아버지는 지그시 눈을 감고 말했습니다.

"근처 마을 사람들을 설득하겠어요. 마을 사람들에게 얘기하면 함께 나서 줄 거야."

유관순은 자신이 앞장 서서 근처 고을 사람들과 함께 만세 운동을 하기로 마음먹었습니다. 유관순은 교회 어른들에게 자기의 뜻을 전했습니다.

"어린 것이 대견하기도 하구나! 그런데 다른 마을 사람들에게는 누가 알리지?"

"제가 알릴게요. 힘들겠지만 무척 보람된 일이 될 거예요."

그 날부터 유관순은 근처 마을을 돌아다녔습니다. 험한 산을 넘고 넓은 냇물도 건넜습니다. 땀방울이 비 오듯 쏟아졌습니다. 유관순의 열성은 마을 청년들을 감동시켰습니다. 이번에는 마을 청년들이 팔을 걷어 붙이고 만세 운동을 준비하였습니다.

마을 사람들은 만세 운동을 아우내 장터에서 하기로 계획했

습니다.
 음력 3월 1일 정오였습니다.
 아우내 장터에는 사람들이 구름같이 모여들고 있었습니다. 그들은 저마다 품속에 태극기를 지니고 있었습니다. 관순은 장터 한켠에 놓인 쌀가마니에 올라섰습니다. 그리고 독립 선언서를 읽고 만세를 불렀습니다. 그러자 사람들이 두루마기와 치마폭 속에서 일제히 태극기를 꺼내 들었습니다.
 "대한 독립 만세!"
 "대한 독립 만세!"
 태극기의 물결과 만세를 부르는 소리가 순식간에 온 장터를 뒤흔들었습니다.
 한편 이 사실을 안 일본 헌병들은 급히 장터로 달려왔습니다.
 그들은 피맺힌 목소리로 우리 나라의 독립을 외치는 사람들의 가슴에 총칼을 들이댔습니다.
 많은 사람들이 뜨거운 피를 조국 산하에 쏟으며 쓰러져 갔습니다.
 유관순의 부모도 왜놈들의 총칼에 쓰러지고 말았습니다. 유관순은 쓰러진 아버지와 어머니를 부둥켜안고 울었습니다.
 얼마 뒤에 유관순은 일본 헌병들에게 붙잡히게 되었습니다.
 "만세 운동을 계획한 사람의 이름을 대라!"
 "나 혼자서 한 일이다!"
 유관순은 일본 헌병들의 모진 고문에 굴하지 않았습니다. 그러나 고문은 계속되었습니다.
 "석방되어 나가고 싶지 않느냐?"

"지금 조선 천지는 모두 감옥이다. 그러니 내가 어딜 간단 말이냐! 여기 있어도 감옥이요, 밖에 나가도 감옥이다!"

유관순은 말을 마치고 목청껏 '독립 만세'를 외쳤습니다.

"일본은 반드시 망하고, 너희 왜놈들은 천벌을 받을 것이다."

그렇게 유관순은 감옥 안에서도 만세를 불렀습니다.

"에이, 지독한 년 같으니라구. 감히 대 일본 제국을 모욕해! 도저히 용서할 수 없다."

일본 헌병들의 고문은 날로 거칠어만 갔습니다. 결국 유관순은 힘든 감옥살이로 병을 얻고 말았습니다.

그러던 1920년 10월 12일, 유관순은 18세의 꽃다운 나이로 생을 마쳤습니다. 죽기 전에 유관순은 하나님에게 간절히 기도했습니다.

"주님, 제가 세상을 뜨거든 천국에 계신 부모님과 만나게 해 주십시오. 그리고 우리 나라에 광명을 주십시오. 이 땅에도 독립과 축복을 내려 주십시오."

우리 것을 되살려낸 필치 김홍도

김홍도는 1760년 영조 36년에 가난하고 평범한 가정에서 태어났습니다. 어려서부터 그는 예술에 대한 감수성이 남달리 뛰어났습니다. 어린 시절 시간이 날 때면 홍도는 산과 들로 나가 아름다운 풍경을 구경하곤 하였습니다. 또한 홍도는 들녘에서 등을 구부리고 이삭을 줍는 사람들, 콧노래를 흥얼거리며 소를 몰고 가는 목동, 시장에서 물건을 파는 사람들을 정겨운 마음으로 바라보곤 하였습니다. 어린 홍도는 이렇게 평화로운 세상 풍경과 순수하고 여유로운 시골 사람들의 모습을 무척이나 아름답다고 생각하였습니다.

'아, 이렇게 아름다운 풍경을 내 손으로 그려낼 수 있다면······.'

홍도는 이렇듯 환상적인 풍경을 표현하고 싶은 열정에 사로잡혔습니다. 드디어 어느 날 홍도는 붓을 들고 한 폭의 그림을 그려냈습니다. 그 그림을 보게 된 동네 어른들은 홍도의 뛰어난 그림 솜씨에 놀랐습니다.

"아니, 홍도야. 이걸 정말로 네 손으로 그렸단 말이냐?"

어린 홍도는 쑥스러운 듯 머리를 긁적이며 고개를 끄덕거렸습니다.

"잘하면, 우리 동네에서 천재 화가가 나겠구먼."

날이 갈수록 그림에 대한 홍도의 열정은 커져 갔습니다.

홍도는 시간 나는 대로 그림 작품을 소장한 사람들의 집에 찾아갔습니다.

"어르신께서 좋은 그림 작품을 지니고 계시다길래 이렇게 찾아왔습니다. 제가 볼 수 있도록 허락해 주십시오."

"허허! 어린 것이 그림에 대한 욕심이 많구나. 좋다, 그렇게 하려므나!"

이렇게 해서 그림을 감상할 수 있게 된 홍도는 작품의 어느 한 부분이라도 놓치지 않기 위해 온 신경을 집중했습니다.

홍도는 유명한 그림이든, 이름 없는 그림이든, 눈에 띄는 족족 샅샅이 훑어보았습니다. 선, 여백, 색상 등 세밀한 부분까지 자세히 관찰하는 것이었습니다. 그 다음에는 이전의 그림과 어떤 점에서 다른지에 대해 궁리하였습니다.

그러다 지금까지 관찰한 그림들이 모두 어떤 공통점을 갖고 있다는 것을 알게 되었습니다. 즉, 지금까지의 그림들 속에는 비슷한 모양의 산과 시내, 그리고 같은 모양새의 사람들만 그려놓은 것 뿐이었습니다.

뿐만 아니라, 그림 속에 그려진 인물들은 한결같이 화려한 옷을 입은 권세가 당당한 사람들의 표정이었습니다. 그림을 그리는 방법에 있어서도 원근감이 명확하지 않았습니다.

'왜 지금까지의 그림 속에 그려진 사람들은 하나같이 지체

높은 양반 뿐일까?'

　홍도는 시골 백성들의 티 없이 순박한 모습을 생생하게 그려내고 싶었습니다.

　'그들이야말로 얼마나 참된 인간인가?'

　그러던 어느 날 김홍도에게도 뜻하지 않던 스승이 나타났습니다. 그즈음 화가로 이름을 떨치고 있던 김응환이란 사람에게 김홍도의 천부적인 솜씨가 알려지게 된 것입니다. 김응환은 곧 김홍도를 자신의 집으로 불러들였습니다.

　스승 김응환의 밑에서 본격적으로 그림 공부를 하기 시작한 김홍도의 재능은 하루가 다르게 발전하여 갔습니다. 나날이 발전해 가는 김홍도의 그림 솜씨에 스승 김응환은 몹시 흡족했습니다.

　김홍도의 빼어난 그림 솜씨는 스승의 자랑으로 더욱 멀리 퍼져나갔습니다. 그러던 어느 날 그 소문이 마침내 임금의 귀에까지 들어가게 되었습니다. 임금은 대체 소년의 솜씨가 얼마나 빼어나길래 이렇듯 나라가 시끄러울 정도인지 궁금했습니다.

　"마침 우리 동궁의 초상화를 그리고 싶었던 차에 잘 되었다. 이번에 그 소년을 불러 들여 왕자의 초상을 그리게 하라!"

　임금의 뜻을 전해 들은 김응환은 깜짝 놀랐습니다. 이렇게 하여 김홍도는 훗날 정조 임금이 될 세자의 초상을 그리게 되었습니다.

　어린 김홍도는 그림 도구를 챙겨서 대궐로 들어가게 되었습니다. 대궐 안 왕족이나 신하들, 그리고 궁녀들까지도 어린 화가를 호기심 가득한 눈으로 바라보았습니다.

196

"과연 태자 마마의 초상을 저 어린 소년이 제대로 그려 낼 수 있을까?"

"그야 두고 봐야지. 한 가지 확실한 것은, 못해도 여러 날은 걸릴 거야!"

주위 사람들은 나름의 생각들을 속닥거렸습니다.

그러나 이게 웬일입니까. 붓을 든 김홍도는 한달음에 그림을 그려나가는 것이었습니다. 마치 물이 흐르듯 거침없이 붓이 움직였습니다. 김홍도는 역시 천재였습니다.

소문대로 한 줄, 한 점도 소홀히 하거나 어긋남이 없었습니다. 휙휙 붓을 놀리는가 하면, 때로는 부드럽게 뻗어 내렸습니다. 정성을 가다듬어 내려 긋고 찍는 모습에 모두들 놀라 입을 다물지 못했습니다.

태자의 초상화를 받아 본 영조 임금은 흐뭇한 미소를 머금고 고개를 끄덕이는 것이었습니다.

"훌륭한 솜씨로구나! 우리 태자를 이렇게 멋있게 그려 주었으니, 내 그대에게 상을 주고 싶구나."

나이가 좀 더 들어 김홍도는 정식으로 화원이 되어 그림을 공부하게 되었습니다.

이 시절 김홍도는 신선들의 여유로운 모습을 담아내는 데 관심을 기울였습니다. 세상에 때묻지 않은 높고 맑은 마음씨를 가진 신선을 그린다는 사실이 김홍도에게는 여간 즐거운 것이 아니었습니다.

예로부터 신선을 제대로 그리기 위해서는 그린 이의 마음 또한 신선처럼 고상해져야 한다는 말이 있습니다. 김홍도는 천성적으로 맑고 귀한 품성을 지녔기에 신선의 모습을 누구보

다 잘 그려낼 수 있었습니다. 특히 신선이 피리를 부는 모습을 그린 〈선동취적도〉는 당대의 대가들마저 깜짝 놀라게 할 만큼 훌륭했습니다.

마음이 바르고 세상 사람처럼 돈과 권세를 탐내지 않았던 김홍도의 생활은 가난하기 짝이 없었습니다.

일생 동안 늘 그랬지만 아침, 저녁으로 끼니를 잇기도 어려울 정도였으니까요. 그러나 이러한 가난 속에서도 그는 결코 품위를 잃지 않았습니다. 푸른 창공과 같이 맑은 꿈을 지닌 그는 청초한 매화와 기품 있는 난을 사랑하였습니다. 주위 사람들은 이러한 품성을 지닌 그를 일컬어 신선이라고도 하였습니다.

언젠가 김홍도는 매화를 심은 화분 하나를 보게 되었습니다.

"오호! 이 추위를 이기고 피어난 품새가 고상하기 이를 데 없구나! 여보시오. 이 매화 화분을 얼마에 넘기려오?"

"선비님, 매화 보는 안목이 높으십니다. 단돈 2천 냥만 내십시오."

그러나 돈이 없는 김홍도는 매화 화분을 갖고 싶은 생각에 군침만 삼킬 수밖에 없었습니다.

그런데 마침 그 때, 호사가 한 명이 그의 그림 한 폭을 사겠다고 나섰습니다. 그는 쾌재를 부르며 얼른 자신의 그림을 내어 주고 3천 냥을 받았습니다. 김홍도는 그 길로 매화 장수에게 달려가 2천 냥을 떼어 주고 매화 화분을 샀습니다.

매화를 사다가 방안에 고이 모신 그는 곧 가까운 친구들을 모조리 불러 놓고 매화를 감상하는 술자리를 마련했습니다.

술과 안주를 넉넉히 마련하여 손님들을 대접하니 8백 냥이 사라졌습니다. 이제 김홍도의 주머니에는 2백 냥의 돈밖에 남지 않았습니다. 겨우 며칠 동안의 식사를 해결하자 2백 냥의 돈도 온데간데 없이 사라졌습니다.

이렇듯 물질에 구애받지 않는 그의 인품은 그의 그림을 통하여 자연스럽게 나타났습니다. 그의 많은 작품들은 여유 있고 높은 기상으로 가득 차 있습니다.

일찍이 김홍도처럼 우리 나라의 부드러운 산천과 소박하고 진솔한 백성을 사랑한 화가는 없었습니다. 이제껏 그림을 그리는 다른 많은 화가들은 중국의 그림을 흉내 내기에 급급했습니다.

그러나 김홍도는 어디까지나 우리의 구수한 풍습이나 인정을 그만의 고유한 필치로 그려냈습니다. 가장 우리의 것에 가까운 그의 그림은 때로는 우습기도 하고, 때로는 보는 이의 눈물을 치솟게 하는 뭔가가 있었습니다.

다만 천재에 그치지 않고 날이 가고 해가 바뀔수록 더욱 훌륭한 그림을 그려 낸 김홍도는 그 뒤에도 수많은 걸작품을 만들어 냈습니다.

천재적인 그림 솜씨로 일세를 풍미한 김홍도는 어느 날 풍진 세상을 뒤로 하고 어딘가로 훌쩍 떠나갔습니다.

많은 세상 사람들이 자신의 이름을 후세에 남기고 싶어했던 데 비해 김홍도는 그런 것에도 집착하지 않았습니다.

그래서 그가 언제 어디서 어떻게 생을 마감했는지 아는 사람은 아무도 없습니다. 다만 김홍도의 작품만 남아 그의 뛰어난 예술혼과 고매한 인품을 짐작케 하고 있습니다.

행주대첩의 명장

1592년인 선조 25년에 일본의 도요토미 히데요시는 20만 대군을 이끌고 부산에 상륙했습니다.
"명나라를 치려고 하니 조선은 길을 비켜 달라!"
 조선을 정복하고자 하는 뻔한 속셈인지라, 조정에서는 한마디로 이를 거절하였습니다. 그러자 이들은 자신들의 요구를 거절했다는 이유로, 거침없이 우리 나라 땅을 침략하기 시작했습니다.
 2백여 년 동안 전쟁이라고는 모르고 지내 온 조선의 병사들은 속수무책 당하기만 하였습니다. 경상도 일대를 지키고 있던 군의 책임자들은 왜구가 침략했다는 말을 듣고 허겁지겁 도망치기에 바빴습니다.
 다급해진 조정에서는 왜군을 당할 만한 인물을 물색하였습니다. 우선 신입과 이일, 그리고 권율을 전장에 내려보내 왜군과 싸우게 했습니다.
 이 때는 이미 개성까지 빼앗겨 선조 임금도 멀리 북쪽으로

피난길에 오른 때였습니다.

"무엇보다도 서울을 되찾는 일이 시급하오. 우리가 만약 적의 후방 보급로를 끊어 놓을 수 있다면 그 일은 가능할 거요."

전라도, 충청도, 경상도에서 군사를 지휘하는 장수들은 서울을 수복하려고 거듭 회의를 하였습니다.

한편 적군들은 우리 군사들의 움직임을 주의깊게 지켜보며 장차 남으로 내려갈 계획을 세우고 있었습니다.

"전라도와 경상도 땅은 곡창 지대이다. 또한 전쟁물자가 전해지는 길목이니 우리 일본군이 이 곳을 점령해야만 한다!"

이즈음에 전라도에서 올라온 권율은 한강을 건너 행주산성에 진을 치고 있었습니다.

"흥! 이쯤이야. 권율의 군대는 칼 한 자루로도 해치울 수 있어."

적의 총사령관은 기세 좋게 큰소리쳤습니다.

권율 장군은 우선 싸움에 유리하도록 행주산성 주위로 울타리를 쳤습니다. 적들이 쉽게 성으로 들어오는 것을 막기 위해서였습니다.

"성의 모든 곳에 무기를 갖추라! 행주성 서쪽 한강 위에 병선을 준비하고 화살을 가득 채워 두어라!"

1953년 2월 12일 새벽이었습니다.

매서운 겨울 바람은 그칠 줄 모르고 불어댔습니다. 행주산성 주위에는 전운이 무르익고 있었습니다.

"적들이 행주성으로 쳐들어오고 있습니다."

날쌘 척후병이 가쁜 숨을 내쉬며 권율 장군에게 보고했습니다.

저 너머 들판 가득, 적병은 깃발을 휘두르며 벌떼처럼 몰려오고 있었습니다.

왜장 우키타는 부하들을 독려했습니다.

"아침밥은 적군을 해치운 후에 영광스럽게 먹도록 하자!"

권율은 적의 부대가 몰려오는 것을 차분히 바라보며 병사들에게 작전 명령을 내렸습니다.

"아마 적들은 자신의 군사들이 훨씬 많다는 걸 믿고 방심한 상태일 것이다. 적이 수만여 명에 이르는데 우리는 4천여 명밖에는 되지 않는다. 그러나 우리가 목숨을 걸고 싸운다면 수십 만 대군도 대적할 수 있을 것이다. 무엇보다도 내가 명령을 내릴 때까지 울타리 속에서 꼼짝도 하지 말라!"

어느덧 해가 동녘으로부터 솟아나기 시작하였습니다. 적군은 세 방면으로 나누어 진격해 왔습니다. 점점 가까이 접근하더니 어느덧 산성을 빙 둘러싸는 것이었습니다.

포위망을 점차 좁혀오던 적군이 어느덧 울타리 바로 앞까지 다가왔을 때였습니다.

"쏴라!"

우리 군사들은 일제히 함성을 지르며 활을 쏘기 시작했습니다. 큰 돌로 적군을 공격하기도 했습니다.

적군들은 쏟아져 내리는 돌과 화살에 갈팡질팡하였습니다. 혼비백산한 적군들은 제대로 싸워 보지도 못하고 하나 둘 죽어 갔습니다.

"철수하라!"

상황이 불리하다고 판단한 적장은 일단 퇴각 명령을 내렸습니다. 그러나 잠시 물러난 적군들은 다시 한 번 산 위로 기어

오르기 시작했습니다.

"잠시도 쉬지 말고 화살을 당겨라!"

권율 장군은 우렁찬 목소리로 병사들을 북돋웠습니다.

두 번, 세 번. 왜구들은 물러났다 다시 몰려들었지만 실패를 거듭했습니다.

"아무래도 공격 방향을 바꿔야겠다."

공격에 변화를 주어야겠다고 생각한 적군은 이번에는 성의 북쪽으로 쳐들어오기 시작했습니다.

"불화살을 쏘아라!"

왜구들은 뜨거운 불화살 공격을 당할 수가 없어 이번에도 물러섰습니다. 접전이 계속되는 가운데 어느덧 해가 서산으로 기울고 있었습니다.

이번에는 왜구들이 횃불을 들고 몰려왔습니다.

왜장이 힘껏 외쳤습니다.

"울타리를 불살라라!"

왜구들은 불타는 갈대와 횃불을 울타리와 성 안으로 휙휙 던졌습니다.

"당황하지 말라! 물을 부어 불을 꺼라!"

권율 장군은 침착하게 명령하였습니다.

얼마 후에 불은 껐지만, 울타리의 일부는 불타 무너졌습니다.

"자, 모두 남은 힘을 다해 무너진 울타리를 넘어 진격하라!"

적장은 어딘지 모르게 지쳐 있는 모습이 역력했습니다.

"이제야 때가 됐다. 적들은 지칠대로 지쳐 있으니 모든 병사들은 일제히 몰려 나가 적들을 무찌르도록 하라!"

"와와!"

우리 병사들은 성문을 박차고 물밀 듯이 쏟아져 나갔습니다. 왜구들은 사기가 충천한 우리 병사들의 칼에 맥없이 나가떨어졌습니다.

권율 장군은 이 싸움에서 크게 승리하였습니다. 적병의 시체는 2만 4천여 구에 이르렀고, 그대로 두고 달아난 무기와 군량미 등은 이루 헤아릴 수 없이 많았습니다.

이 싸움이 바로 유명한 '행주대첩'입니다.

승전보를 들은 선조 임금은 권율을 크게 치하하고 자헌 대부라는 벼슬을 내렸습니다. 명나라의 여러 장수들도 권율 장군의 위대함을 입이 마르도록 칭찬했습니다.

"권 장군은 천하에 보기 드문 훌륭한 장수요. 권 장군이야말로 도탄에 빠진 조선을 구해 낼 신하이고 나라를 지켜 낼 명장수요."

이 후에도 권율 장군은 언제나 싸움터에서 머물면서 병사들과 함께 했습니다.

싸움터에서 세월을 보낸 지 7년째 되던 해, 병을 얻게 된 권율은 고향으로 돌아갈 뜻을 밝혔습니다. 7월이 되자 병은 더욱 악화되어 그 해 여름, 63세를 일기로 생애를 마감했습니다. 선조 임금은 조정의 문을 닫고 사람까지 보내어 그의 죽음을 애도했습니다.

권율 장군의 나라에 대한 충정과 뛰어난 지략은 우리 겨레의 가슴속에 오래도록 살아 있을 것입니다.

임금에 대한 절개 김인후

김인후는 1510년에 전라남도 장성에서 태어났습니다. 어려서 김인후는 청렴하고 고매한 스승 김정국으로부터 글을 배웠습니다.

김인후는 청운의 꿈을 품고 스승의 권유로 서울 유학길에 올랐습니다.

김인후가 성균관에서 공부할 때의 일이었습니다.

성균관의 유생들은 학습 효과를 높이기 위해 주기적으로 시험을 쳤습니다.

어느 날 시험에서 김인후는 시험관들을 놀라게 하였습니다.

"김인후라고? 처음 듣는 이름인데, 성적이 제일 좋구만?"

"글쎄, 나도 처음 듣는 이름이군."

김인후가 이름도 알려지지 않은 시골에서 올라온 유생이라는 사실을 알게 된 시험관들은 이 사실을 쉽게 납득할 수 없었습니다.

"젊은이 미안하네만, 혹시 남의 글을 베끼지 않았나?"

시험관은 도무지 믿을 수 없다는 투로 말했습니다.
"제가 쓴 답안이옵니다."
"그렇겠지. 어떤가? 우리가 보는 앞에서 직접 한 번 글을 지어 보게나."
"그러지요."
 김인후의 거침없는 붓놀림에 시험관들은 놀라움을 금치 못하고 고개를 끄덕였습니다. 이 일로 인하여 하루아침에 그의 이름은 서울 장안에 널리 퍼졌습니다.
 성균관에서 공부할 적에 김인후에게는 유희춘이란 동향 친구가 있었습니다. 언젠가 김인후는 열병에 걸려 다 죽게 되었습니다. 열병은 전염성이 강한지라 모두들 김인후 곁에 가길 두려워했습니다.
 이 때, 친구인 유희춘이 팔을 걷어붙이고 김인후의 병수발을 도왔습니다. 밤낮으로 정성을 아끼지 않는 친구를 보고 김인후의 눈에서는 눈물이 쏟아졌습니다. 이 후 유희춘과의 우정은 평생토록 이어졌습니다.
 김인후는 31세 때인 1540년에 문과에 급제한 뒤 벼슬길에 올랐습니다. 김인후는 충직하고 결단력이 확실해 인종이 늘 곁에 두고 싶어했습니다.
 그런데, 벼슬길에 오른 지 3년이 되던 어느 날이었습니다.
"상감 마마, 아무래도 벼슬자리에서 물러나야 할 것 같사옵니다."
 김인후의 말에 인종은 깜짝 놀랐습니다.
"아니, 무슨 일이 있었소?"
"대단히 송구스러운 말씀이오나, 부모님 곁으로 가야 할 것

같사옵니다. 부모가 연로하셨으니 더 늦기 전에 봉양하고 싶습니다."

인종은 고개를 끄덕였습니다. 충성스러운 김인후로서도 어렵게 내린 결단이었습니다.

훗날 인종에 대한 김인후의 충성심은 많은 일화로 드러납니다.

1547년 인종이 세상을 뜨자 김인후는 애통한 나머지 마음의 병을 얻어 벼슬 자리에서 물러났다고 합니다. 또한, 매년 7월 1일부터 인종의 제삿날까지 술병을 들고 매일 집 남쪽에 있는 산으로 올라갔습니다. 그리고 한양 쪽을 향해 앉아서 술을 마시며 통곡했다고 합니다.

김인후는 술을 몹시 좋아하였습니다. 길을 갈 때면 말에 술을 싣고 가다가 풍치 좋은 곳이 나오면 앉아서 술을 마시곤 했습니다.

이처럼 길을 가니 남들이 며칠 만에 갈 거리를 수십 일씩이나 걸려 도착했습니다. 술이 떨어지면 병을 핑계대고는 길을 가지 않았다고 합니다.

인종이 죽은 후 벼슬에서 물러난 김인후는 명종의 벼슬 권유에도 아랑곳하지 않고 학문 연구와 제자 양성에만 몰두하였습니다.

이 때부터 김인후의 학문은 꽃을 피우기 시작했습니다. 조선 시대 유명한 퇴계와 기대승 사이의 철학적 논쟁인 사칠론은 사실 김인후로부터 비롯된 것입니다.

그러다 1560년인 명종 15년에 김인후는 세상을 떠났습니다. 김인후의 고향인 장성의 선비들은 그의 학문을 기리기 위해

서원을 세웠습니다.

  오랜 시간이 흐른 후 효종 임금은 김인후의 서원에 필암 서원이란 이름을 친히 내려주었습니다.

  임금에 대한 절개와 학문에 대한 정열을 바친 김인후의 정신은 오래도록 기억될 것입니다.

위정척사 운동 기정진

19세기 후반 서양의 여러 열강들은 낙후한 나라를 자신들의 식민지로 삼기 위해 혈안이 되어 있었습니다.

우리 나라 근해에도 프랑스, 미국, 영국 등의 배가 자주 나타나 항구를 열고 서로 교역을 하자고 시위도 하고 포를 쏘아 협박하기도 했습니다.

당시의 실력자 흥선 대원군은 서구 열강의 위협에 맞서 쇄국 정책을 펼쳤습니다. 쇄국 정책이란 나라의 문을 걸어 잠그고 외국과 일체 교역을 하지 않는 정책을 말합니다.

그러던 1875년, 고종 12년에 일본의 배 운양호가 인천 영종도 근처에 나타났습니다. 그러더니 며칠 후에는 강화도 남쪽 초지진까지 거슬러 올라왔습니다.

"아니, 저건 왜놈들의 군함이 아니냐? 왜 이 곳까지 나타났지?"

"이건 도발이다! 더 가까이 오기 전에 포를 쏘아야 해."

일본의 배를 발견한 초지진의 우리 수병들은 경고의 뜻으로

포격을 가했습니다. 그러자 일본 군함에서도 지지 않고 포를 쏘며 맞섰습니다.

일본 군함 운양호의 포격으로 초지진은 완전히 파괴되고 말았습니다. 이어 운양호는 다시 영종진으로 뱃머리를 돌려 영종진마저 파괴하고 육지의 물건들을 마구 약탈하였습니다.

그들은 항구를 열어 통상을 하지 않는다면 더욱 강도 높은 무력을 쓰겠다고 위협했습니다. 일본의 이런 행동들은 조선을 얕보고 저지른 횡포였습니다.

1876년 고종은 마침내 조일 수호 조약(강화도 조약)을 체결하고 제물포항을 개항했습니다. 이 후 부산과 원산항도 차례로 개항되었습니다.

일본과 수교를 맺자 이번에는 미국, 프랑스, 러시아 등의 구미 열강들도 서둘러 조선과 수교를 맺었습니다.

강화도 조약은 일본에 의해 강제로 맺어진 불평등 조약이었습니다. 강화도 조약 이후 우리 나라는 일제에 의해 심각한 정치적, 경제적 침투를 당했습니다.

이렇게 되자 나라 안에서는 서구 열강과 일본 세력을 배척해야 한다는 목소리가 높아졌습니다. 이러한 사람들을 일컬어 위정척사파라고 부르는데 그들 가운데 기정진과 이항로가 대표적 인물입니다.

기정진은 한말 주자학의 대가였습니다. 주자학은 중국에서 전래되어 오래 전부터 우리 나라에서도 크게 유행한 학문이었습니다.

위정척사파들은 어지러운 시대일수록 공자와 맹자의 가르침에 따라야 한다고 주장했습니다. 그러다 보니 자연히 중국

을 받들었습니다. 또한, 서구의 열강과 일본을 오랑캐의 무리로 보고 배척해야 할 대상으로 여겼습니다.

"조상을 잘 받들고, 공자와 맹자의 말이 널리 퍼진 나라가 앞선 나라이지 않는가. 한데, 서양 사람들은 기독교라는 것을 믿고 하나님을 받드니 한낱 오랑캐일 수밖에 없지. 그들 눈에는 부모도 임금도 없을 것이니, 이는 한낱 금수가 아니고 무엇이겠는가?"

그리하여 기정진은 전국의 유생들에게 서양을 반대하자고 호소하였습니다.

기정진의 눈에는 서구의 문물이 몹쓸 것으로만 보였습니다.

"이 강산에 서구의 문물이 수입되면서부터는 아름다운 우리 미풍양속이 더럽혀지고 있구나. 개화파 인사야말로 역사상 가장 불온한 자들이로다. 내 무슨 일이 있더라도 서구 문물이 퍼지는 것을 막고 말리라."

이렇게 하여 기정진은 일차적으로 서구와의 통상을 반대하였습니다.

한편 서구의 문물을 적극적으로 수입하고 그들의 문화를 받아들여 개화를 도모해야 한다고 생각하던 사람들을 개화파라고 합니다. 개화파 사람들은 위정척사파를 시대에 맞지 않는 주장만 일삼는다며 비난했습니다.

"예끼, 답답한 사람들아! 지금 시대가 어떤 시대인데 통상을 거부한단 말이오. 한시라도 빨리 앞선 나라의 문물을 수입하여 문명을 이룩해야 할 거 아니오!"

개화파에 맞서 위정척사파도 지지 않았습니다.

"서양의 하인배들이 무얼 안다고 큰소리오! 내 통상을 반대

하는 이유에 대해 설명해 주리다. 서양의 물건은 공산품이므로 무한히 만들 수 있고, 반면 우리의 생산물은 농산물이므로 산출이 유한하지 않소. 때문에 쌍방간에 교역을 했다가는 우리 나라의 재물이 모두 서양으로 빠져나갈 것이오."

위정척사파의 말은 나름대로 일리가 있었습니다. 이들은 서구의 경제적 침투가 어떠한 결과를 가져올지 미리 꿰뚫어 보았다고 할 수 있습니다.

기정진은 무엇보다도 아름다운 우리의 전통을 지키고 싶었습니다. 그래서 중국을 통해서 서양의 물건이 유입되는 것을 강력히 반대하는 상소를 올리기도 했습니다.

기정진의 상소보다 더욱 유명한 척사파의 상소 사건이 있는데 1876년 척사파 중의 한 사람인 최익현이란 자가 목숨을 걸고 올린 상소가 그것입니다.

최익현은 도끼를 옆에 끼고 궁궐 앞에 엎드려 척화를 주장하는 상소를 올렸습니다. 자신의 상소를 받아주지 않으면 도끼로 자신의 목을 쳐 달라는 것이었습니다.

대단히 비장한 각오로 올린 이 상소는 교역과 문화에 관한 내용을 담고 있었습니다. 최익현은 교역이 왜 불리한지를 지적했고, 서양의 기독교가 들어오면 우리의 미풍양속이 크게 훼손될 거라고 주장했습니다.

그러나 조정에서는 최익현을 체포해서 흑산도로 귀양 보내 버렸습니다. 임금님이 지나가는 길에 도끼를 들고 엎드리는 것은 해괴한 짓이라는 게 이유였습니다.

이 후로도 척사 운동은 이어졌습니다. 전국에서 유생들이 본격적으로 척사의 상소를 올렸습니다. 그러나 역사의 흐름은

서양의 문물을 수입하는 쪽으로 흘러갔습니다.
 위정척사 운동의 한계는 격변하는 시대의 흐름을 제대로 읽어 내지 못했다는 점에 있습니다. 하지만, 우리의 풍속을 지키려는 주체성만큼은 높이 평가되고 있습니다.

관산성 전투 성왕

성왕은 백제의 터전을 닦은 무녕왕의 아들로 태어났습니다. 성왕은 어려서부터 슬기롭고 결단력이 뛰어나 무녕왕의 사랑을 한몸에 받고 자랐습니다.

어떤 역사 책에는 성왕이 하늘의 천리와 땅의 지리에 뛰어나, 성스러운 임금이란 뜻으로 그를 '성왕'이라 불렀다고도 전해집니다.

성왕은 아버지가 추진해 오던 왕권 강화 정책을 계승해 538년에 사비성으로 도읍지를 옮겼습니다.

당시 고구려는 호시탐탐 백제를 노리고 있었습니다. 때문에 지리적인 면에서 웅진(공주)보다는 사비(부여)가 백제 발전에 도움을 줄 것이라고 판단했던 것입니다.

더욱이 웅진은 한쪽으로 치우쳐 있어 밖으로 뻗어나가기 힘이 들었습니다. 또한 사비 지역에는 성왕을 지지하는 사씨 가문의 세도가들이 살았습니다. 성왕의 입장에서는 이들과 가까이하는 것이 왕권 강화뿐 아니라 여러모로 도움이 되었습니다.

성왕은 백제의 수준 높은 문화를 한층 더 높여 놓았습니다.

"중국과의 교류를 통해 친선도 도모하고, 문화도 수입하리라. 이거야말로 일석이조가 아닌가."

성왕은 중국의 양나라와 다방면에 걸쳐 교류를 가졌습니다. 때로는 장인이나 화가를 초청하여 백제의 문화 수준을 끌어올리는 데 힘을 쏟았습니다. 또한 멀리 인도로부터 불경을 가지고 온 겸익을 환대하고 고승들을 모아 불경을 번역토록 하였습니다.

"만약 국민들이 종교를 가진다면 그들의 정신은 풍요로워질 것이다. 더욱이 중요한 것은 하나의 종교를 신봉한다면 백성들을 단결시키는 데 탁월한 효과가 있을 것이다."

성왕은 이러한 생각에서 불교 교단을 정비하고 불교 전파에 노력을 기울였습니다.

오래 전부터 백제는 일본과 친밀한 관계를 맺어 왔습니다.

"일본 땅에 불교 사상을 전수해 준다면 그들은 더욱 백제를 따를 것이다."

성왕은 불교 사상을 일본에 전파하기로 했습니다. 또, 의학 박사, 역학 박사들을 일본에 파견하여 백제의 세련된 문화를 전수하였습니다.

성왕은 사비 천도와 행정 조직을 개편하여 왕권을 안정시킨 후, 이번에는 외교에 주의를 돌렸습니다. 계속되는 고구려의 남진 정책에 대처하기 위해 신라와 동맹 관계를 강화했습니다. 또, 그 동안의 양나라, 일본과의 친선 관계를 튼튼히 쌓아 온 터라 백제의 국제적인 위상은 상당했습니다.

이런 국제 관계 하에서 성왕은 예전에 고구려에게 빼앗긴 한강 유역을 회복하고자 하였습니다.

551년 성왕은 신라와 가야의 도움을 받아 고구려를 공격했습니다.

전투는 한강 남쪽에서부터 시작되었습니다. 한강 유역은 비옥한 토지뿐만 아니라, 풍부한 수량과 편리한 교통 때문에 삼국 모두가 애착을 갖고 있었습니다. 덕분에 전투는 치열해질 수밖에 없었습니다. 백제와 신라가 협공을 하자 고구려는 밀리기 시작했습니다.

이 전투의 결과로 백제는 한강 하류의 6군을 회복하고 신라는 한강 상류의 10군을 차지하게 되었습니다.

백제의 성왕과 신라의 진흥왕은 크게 만족하여 승리의 축하연을 열었습니다.

"오늘의 이 업적은 모두 용감한 백제군 때문입니다."

진흥왕이 만족스러운 표정으로 말했습니다.

"허허, 무슨 겸손의 말씀을. 용감하기로 치자면야 신라군을 따를 수가 없지요. 자, 승리를 축하하는 의미로 술잔을 듭시다."

"좋습니다."

두 왕은 술잔을 주고 받으며 앞으로 동맹 관계를 더욱 확고히 하기로 했습니다.

그러나 두 나라의 친선 관계는 오래가지 못했습니다. 진흥왕의 마음속에서는 시간이 갈수록 야심이 일었습니다. 한강 유역의 백제 땅을 모조리 신라의 것으로 두고 싶었습니다.

이즈음 고구려는 북쪽에서 새로이 흥한 돌궐의 남침에 골머

리를 앓아야 했습니다. 고구려는 돌궐의 침략에 대비하려고 신라의 진흥왕과 비밀스런 동맹을 맺었습니다.

"신라가 한강 유역을 점령하는데 고구려가 뒤에서 돕겠소. 단, 돌궐이 고구려를 침략하거든 우리를 원조해 주어야 하오."

고구려와의 밀약은 진흥왕에게 야심을 이룰 좋은 기회를 가져다 주었습니다. 진흥왕은 553년에 한강 중류 지역을 점령하기 위해 군사를 일으켰습니다.

신라의 배반에 백제의 성왕은 분노로 몸을 떨었습니다.

"내 국가의 운명을 걸고 괘씸한 신라를 치리라!"

성왕은 신라를 치기 위해 군사를 일으켜 구천(옥천)으로 떠났습니다. 구천은 당시 신라와 백제가 맞닿아 있는 국경 지역이었습니다. 구천에는 관산성이 있었는데, 백제와 신라는 이 성을 중심으로 전쟁을 벌였습니다.

성왕은 직접 군사를 이끌고 전투를 지휘하였습니다.

초반에는 백제가 기선을 제압해 크게 우세했습니다. 그러나 후반에 갈수록 신라의 전술은 빛을 뿜었습니다.

진흥왕은 적절히 지형지물을 이용했고, 또한 복병을 효과적으로 활용했습니다. 특히 새로이 군주로 임명된 김무력이 원군을 이끌고 가세하자 전세는 완전히 신라 쪽으로 기울고 말았습니다.

전세를 만회하기 위해 전쟁터에서 고전분투하던 성왕은 마침내 적의 화살에 맞아 목숨을 잃고 말았습니다.

이 싸움을 관산성 전투라고 합니다.

이 전투는 고대 국가 전쟁에서 가장 처절한 싸움이었습니

다.

　이 싸움의 패배로 백제는 점차 기울게 되었습니다. 또, 무녕왕을 계승해 성왕이 확립한 왕권도 차츰 쇠퇴하기 시작했습니다.

　이 싸움의 승리로 신라는 한강 중류 지역을 손아귀에 넣게 되었습니다. 그러나 백제와는 서로 적대국이 되고 말았습니다.

천민 신분을 뛰어넘은 과학자 장영실

세종이 왕이 될 무렵 나라 안에는 새로운 기운이 감돌았습니다. 학문을 좋아하던 세종은 새롭게 문화 정치를 폈습니다. 이 중 세종은 과학 발전의 중요성을 깨닫고 과학자들을 발탁하였습니다.

1420년 세종은 천문학자 4명을 서울에서 가까운 고을의 수령으로 임명하였습니다. 그리고 수시로 그들을 불러 천문학을 연구하게 하고 하늘의 움직임을 관찰하도록 하였습니다.

"상감 마마, 별을 관찰하는 무리에게 고을의 수령을 맡기시다니 아니 될 일이옵니다. 별과 백성의 일은 이치가 통하지 않사옵니다."

대신들은 세종이 하는 일에 반대하였습니다.

그러나 세종은 오히려 천문학자들에게 해마다 겨울 옷을 내려주고 달마다 술 다섯 병을 내려주었습니다. 그러자 신하들은 그만 입을 다물고 말았습니다. 그만큼 세종은 과학 분야에 관심이 깊었던 것입니다.

학문에 열정을 쏟던 세종은 스스로가 천문학자이기도 했습니다. 그래서 시간만 나면 세종은 천문학자들과 토론을 벌이기도 했습니다. 이 때 토론을 벌였던 천문학자로는 윤사웅, 최천구, 장영실이었습니다.

이들과 토론을 벌이면서 세종은 대단히 흡족해 했습니다. 특히 세종은 장영실을 몹시 총애했습니다.

"신분은 낮으나 장영실의 재주는 천하일품이로구나."

장영실은 관기(관청에 딸린 기생)의 자식으로 당시로서는 가장 낮은 신분의 태생이었습니다.

천문 분야에 대한 세종의 관심은 참으로 컸습니다. 그래서 어느 날 세종은 이들을 중국에 보내 천문학 책들을 사오고 보루각(물시계의 일종)과 혼천의(천문 관측 기계)의 설계도 등을 익히고 돌아오게 했습니다.

이들은 1년 간 중국의 앞선 과학기술을 배우고 돌아왔습니다. 세종은 이들을 몹시 반기며 오래 전부터 꿈꿔 온 물시계와 천문 관측 기구를 설치토록 하였습니다.

이 때 세종은 장영실의 종의 신분을 풀어주고 상의원(궁중의 옷을 만드는 기구)의 별좌라는 벼슬을 내려주려고 했습니다.

그러자 조정의 신하들은 거세게 반발하였습니다. 신분 질서가 엄격한 당시로서는 상상도 못할 일이었기 때문입니다.

"상감 마마, 장영실은 천한 관기의 태생입니다. 어찌 나라의 질서를 어지럽히려 하십니까?"

신하들의 반발이 너무 거세어 세종도 잠시 그 일을 뒤로 미루기로 했습니다.

세종의 분부를 받고 장영실은 3년 간의 피나는 노력 끝에

물시계와 천문 기구의 뼈대를 만들어 냈습니다. 장영실의 공을 높이 산 세종은 이번에는 주저하지 않고 그를 종의 신분에서 벗어나게 하고 첨지라는 벼슬을 내려주었습니다.

"장영실 그대는 이제부터 궁중에 머물며 물시계 연구에 열중하도록 하라."

세종의 배려에 천민 출신 장영실은 감격하지 않을 수 없었습니다.

벼슬에 오르니 이제부터는 마음 놓고 연구에 몰두할 수 있게 되었습니다. 이 때부터 그의 재질은 빛나기 시작하였습니다. 7년의 연구 끝에 간의대를 만들어 서울의 위도를 측량하였고, 혼천의와 자격루(자동 물시계)를 만들어 세종을 흡족하게 하였습니다.

그리하여 장영실에게 마침내 상의원 별좌라는 벼슬을 내려주었습니다. 임금이 총애하는 터라 장영실도 신나지 않을 수 없었습니다.

다음 해에 장영실이 만든 자격루는 많은 조정의 신하들이 참석한 가운데 궁궐 여기저기에 설치되었습니다. 이 자격루는 시간마다 자동으로 종이 울리고, 밤에는 통행금지를 알리는 북까지 울리게 만들어져 있었습니다. 그 날 세종은 장영실을 위해 큰 잔치를 베풀어 주었습니다.

장영실을 두고 사람들은 세종을 도우라고 하늘이 보낸 재주꾼이라고 얘기했습니다. 세종이 새로운 과학 기구를 주문하면 장영실은 놀라운 기술로 독창적인 작품들을 만들어 냈습니다. 세종의 주문을 소화하기 위해 장영실은 끊임없이 새로운 과학 지식을 공부하였습니다.

나이가 들자 세종은 병치레가 잦았습니다. 그래서 왕비와 함께 온천을 자주 다녔습니다.
이즈음 장영실은 특명을 받고 세종이 탈 가마를 만드는 작업을 책임지게 되었습니다. 세종의 은혜에 보답하고자 장영실은 심혈을 기울여 가마를 만들었습니다. 많은 정성 끝에 근사한 가마가 완성되었습니다.
그런데 세종이 가마를 타자 그만 우지끈, 하고 부서져 버리는 것이었습니다. 임금이 이용할 물건을 허술하게 만들었다면, 그것은 큰 죄에 해당됩니다. 당연히 조정에서는 장영실에게 책임을 물었지요.
오래전부터 천민 출신의 장영실이 벼슬길에 오른 것을 곱지 않은 시선으로 바라보던 몇몇 신하들은 '이 때다!' 하고 그를 몰아세웠습니다. 결국 장영실은 의금부에 갇혀 궁중의 물건을 만드는 총책임자인 임효록과 함께 곤장 80대를 맞고 벼슬도 빼앗긴 채 쫓겨나고 말았습니다.
장영실이 세종 곁에서 과학 발전에 공헌한 지 20여 년 만입니다. 이즈음 궁중에서는 장영실이 만든 강수량 측량 기구인 측우기를 설치하느라 분주히 움직이고 있었습니다.
쫓겨나는 장영실이 궁궐 여기저기에 측우기가 설치되는 장면을 봤을 때, 그의 마음에는 희비가 엇갈렸습니다.
장영실은 천민 신분임에도 불구하고 세종의 배려와 타고난 재기로 과학 발전에 도움을 주었고 오늘날까지도 과학사에 빛나는 인물로 평가받고 있습니다.

조국을 위한 혈거 윤봉길

윤봉길은 1908년 5월 23일 충남 예산군 덕산면 시량리에서 태어났습니다. 윤봉길은 어려서부터 기골이 장대할 뿐만 아니라 총명하고 용기가 있어 사람들의 기대를 한몸에 받았습니다.

그즈음 나라 안팎의 정세가 몹시 혼란스럽더니 1910년 우리 나라는 일제의 속국으로 전락하고 말았습니다. 모두 우리 민족이 힘이 없던 탓이었습니다.

1918년 11살이 되던 해 윤봉길은 덕산 공립 보통 학교에 입학하였습니다. 일본인 교사들은 금테 두른 제복에다 옆구리에는 항상 번쩍이는 칼을 차고 다녔습니다.

이에 반해 조선인 교사들은 일본인 교사들에게 항상 주눅이 들어 있었습니다. 윤봉길은 가르치는 데 칼이 왜 필요하며, 조선인 교사들은 왜 그들을 두려워하는지 무척 궁금하였습니다.

그러다, 다음 해인 1919년 3·1운동을 통하여 그 모든 의문을 풀 수 있었습니다. 윤봉길은 수많은 사람들이 조국의 독립

을 외치다가 일본인들의 총칼 아래 숨을 거두었다는 것을 주위 사람들을 통해서 들었습니다. 그제서야 윤봉길은 우리가 얼마나 힘이 없는지, 또 일본인들의 횡포가 얼마나 잔인한지를 깨달았던 것입니다.

 윤봉길은 일본인들이 싫어져서 일본인들이 가르치는 학교에 가지 않기로 결심하였습니다. 집안에서는 학교에 나가라고 야단을 쳤지만 어린 윤봉길은 딱 잘라 거절했습니다.

 "세상에! 어린 것이 누굴 닮아서 고집이 저리 센지, 원!"

 아버지는 그만 혀를 끌끌 차고 말았습니다.

 이 때부터 윤봉길은 서당에 나가 한문을 배웠습니다. 서당에서 그는 선생님의 칭찬을 독차지했습니다. 열심히 공부하고 실천하는 착한 학생이었기 때문입니다. 그리하여 15세 무렵에는 학문이 무르익었습니다.

 배우는 것이 많아질수록 윤봉길은 자신이 부족하다는 것을 뼈저리게 느꼈습니다.

 "한문만으로 어지러운 시대에 어찌 한 사람의 대장부의 몫을 할 것인가!"

 이런 생각에 윤봉길은 16세 때부터 일본어 책을 구하여 틈나는 대로 공부를 하였습니다. 또한 역사와 철학 등 새로운 공부에도 눈을 돌렸습니다.

 집안 살림이 넉넉지 못해 낮에는 농사일을 하고 밤에는 공부를 해야 했습니다. 주경야독(낮에는 농사 짓고 밤에는 글을 읽음)의 피나는 면학 생활이었습니다. 뿐만 아니라, 뜻이 맞는 청년들과 함께 야학을 설치하여 마을 사람들을 모아 한글을 가르쳤습니다.

시간이 나면 농촌 생활에 도움이 되는 상식이나 사회 지식을 가르치며 민족 정신을 고취하려고 노력했습니다.

윤봉길은 마을과 사회에 많은 봉사 활동을 하고 싶었습니다. 이런 욕심에서 그는 월진회를 조직하여 근면과 협동심을 키워 마을의 발전을 도모하였습니다. 또, 주말이 되면 체육 대회를 열어 동네 사람들의 친목을 북돋웠습니다. 그리고 일제의 횡포와 고된 농사일에 지친 사람들은 격려하기 위해 연극 공연도 가졌습니다. 윤봉길의 봉사 활동이 이러하니 그를 칭찬하지 않는 사람이 없었습니다.

윤봉길은 이러한 활동이 나라의 독립에 도움이 되길 기대하였습니다.

"이것으로는 부족하다. 민족 정신을 고취시키고, 사람들이 일치 단결하려면 무언가가 더 필요해!"

오랜 생각 끝에 윤봉길은 민족의 기상과 독립을 갈망하는 내용이 담긴 노래를 직접 작사 작곡하였습니다. 그리하여 월진회 활동이 있는 날이면 마을 사람들과 함께 그 노래를 불렀습니다.

순식간에 그가 만든 노래는 덕산면 일대에 퍼졌습니다.

그러나 이러한 활동을 침략자 일제가 곱게 볼 리 없었습니다. 일본 경찰은 이따금 그를 불러 불온 사상을 선동한다고 으름장을 놓았습니다. 또한 사람들을 보내 수시로 윤봉길을 감시하였습니다.

이 무렵, 광주에서는 일본의 강압에 반대하는 학생들의 저항 운동이 일어났습니다. 이 운동의 불길은 삽시간에 전국으로 번졌습니다. 그러자 일본 경찰들은 시위에 나선 사람들을

사정없이 짓밟았습니다. 윤봉길은 일제의 잔악한 행위를 더 이상 두고 볼 수 없었습니다.

1930년 2월에 그는 아무에게도 말하지 않고 조용히 집을 나섰습니다. 그의 머리 속에서는 〈장부출가생불환〉이란 글귀가 맴돌고 있었습니다. 이 글귀는 '대장부는 한번 나서면 살아서 돌아오지 않는다' 라는 뜻입니다. 일찍부터 마음속으로 동경하던 대한 민국 임시 정부가 있던 중국의 상해로 갔던 것입니다.

그러나 상해까지 가는 길은 순탄치만은 않았습니다. 도중에 검문에 걸려 갇히기도 하고, 돈이 떨어져 직공 생활과 막노동으로 입에 풀칠을 하곤 했습니다. 그러다 다음 해 5월에야 상해에 도착할 수 있었습니다.

윤봉길은 상해 임시 정부에서 김구 선생으로부터 은밀한 지시를 받았습니다.

"윤군, 자네의 어깨가 무겁네. 이번 일이 성공한다면 일본인들도 더 이상 우리 조선을 깔보지만은 못할 걸세."

김구 선생은 윤봉길의 어깨를 다독이며 물통 모양의 폭탄을 건넸습니다.

1932년 4월 29일, 상해의 홍구 공원에서는 일본인들이 전승 축하 겸 천황의 생일을 축하하는 경축식이 있었습니다.

술잔이 돌고 분위기가 무르익을 무렵, 윤봉길은 일본인 고위 군관들이 모인 자리에 폭탄을 투척했습니다. 수많은 일본의 고위 관리들이 비명 한 번 제대로 지르지 못하고 숨을 거뒀습니다.

그리고는 손에 들고 있는 나머지 한 개의 폭탄으로 자폭하려 했습니다. 일본 경찰에 체포되어 고문을 당하면 비밀 유지

가 힘들어지기 때문이었습니다.
 그러나 일본 헌병들은 재빠르게 그의 손에서 폭탄을 빼앗고, 그를 붙들고 말았습니다.
 일본 헌병대에 끌려간 윤봉길은 말로 할 수 없을 정도로 끔찍한 고문을 당하였습니다.
 그러나 윤봉길은 입을 열지 않았습니다. 가끔 말을 꺼내더라도, 그것은 오히려 일본 수사관들을 혼란스럽게 하는 내용뿐이었습니다. 될 수 있으면 임시 정부의 지도자들이 피해를 받지 않게 하기 위해서였습니다.
 1932년 12월 20일, 윤봉길은 마침내 금택 형무소에서 사형 당했습니다.
 당시 윤봉길은 어린 아들 종과 담에게 친필 유서를 남겼습니다.
 '너도 만일 피가 있고 뼈가 있다면 반드시 조선을 위해서 용감한 투사가 되어라. 태극의 깃발을 높이 날리며 나의 빈 무덤 앞에 한 잔 술을 부어 놓아라.'

어린이를 사랑한 윤석중

윤석중은 1911년 5월 25일 서울에서 태어났습니다. 집안은 유복한 편이었지만, 불행히 윤석중은 어린 나이에 어머니를 여의었습니다. 이 때부터 윤석중은 수은동에 있는 외할머니의 손에 맡겨졌습니다.

자식이 없던 외할머니는 윤석중을 끔찍이 아꼈습니다. 간혹 애정이 지나쳐 윤석중이 힘이 들 때도 있었습니다.

"밖에 나가 놀지 마라, 다칠라."

"많이 먹지 마라, 배탈 날라."

"뛰어 놀지 마라, 넘어질라."

그만큼 외할머니의 외손자 사랑은 넘쳐 흘렀습니다.

윤석중은 어려서부터 책읽기를 즐겼습니다. 독서량이 늘어나자 윤석중은 슬슬 스스로 글을 지어보기도 했습니다.

얼마 지나지 않아 제법 솜씨가 붙자, 글쓰기에 관심이 있던 친구들이 윤석중에게 잡지를 만들어 보자고 했습니다. 윤석중은 그 제안을 몹시 반겼습니다.

이렇게 해서 집에서 응석이나 부릴 열 서너 살짜리 아이들은 〈꽃밭사〉라는 글동무회를 만들었습니다. 초라한 잡지였지만 윤석중은 무척 만족스러워 했습니다.

다음 해인 1924년, 윤석중은 아동 잡지인 〈신소년〉에 동요 '봄'이 입선되어 동요 창작에 몰두하게 됩니다.

당시 우리 나라 문단에는 사람의 마음을 약하게 만드는 허무주의니, 퇴폐주의니 하는 문학 사조가 유행했습니다.

이런 문단의 병은 알게 모르게 동요에도 영향을 미쳤습니다. 예를 들자면 '넓고 넓은 바닷가에 오막살이 집 한 채'라든가 '남은 별 둘이서 눈물 흘린다' '내 어머니 가신 나라 달 돋는 나라' 등이 그러했습니다. 윤석중은 슬픔을 노래한 동요는 자칫하면 어린이마저 시름에 잠겨 눈물 짓게 할 수 있다고 생각했습니다.

'한숨과 슬픔을 동요에서 몰아내자!'

이렇게 결심한 윤석중은 일본의 식민 치하에서 민족과 어린이들에게 희망을 줄 수 있는 노래를 만들고자 노력했습니다. 그래서 윤석중의 노래는 의기소침해 있던 우리 민족에게 한줄기 빛과도 같았습니다.

앞장 선 젊은이 뒤를 따라
나날이 힘차게 자라는 나라
새 아침 밝아 온다, 새 나라의 새 아침
눈부신 거리 거리, 반가운 얼굴

골고루 다같이 땀을 흘려

골고루 다같이 사는 나라
새 살림 이룩하자, 새 나라의 새 살림
집집이 웃음 소리, 즐거운 강산

이 〈새나라 노래〉에서도 윤석중의 건강한 정신을 엿볼 수 있습니다.

윤석중은 동요를 위해 태어난 사람입니다. 평생을 동요와 어린이를 위해 생활했습니다. 동요를 꿈꾸고 먹고 숨쉬며 살았던 것입니다.

윤석중에게 동요를 쓴다는 것은 힘든 일이 아니라 즐거움 자체였습니다. 그는 숙련된 구두장이가 구두를 손질하듯 세련되게 동요를 지었습니다.

'어둠이 가득한 이 나라에 빛이 있다면, 그것은 어린이다. 이들이 건강하게 자랄 수 있다면 우리 조국에도 크나큰 힘이 될 것이다.'

이런 생각에서 윤석중은 자신의 동요에 되도록 우리의 정서를 많이 담으려고 했습니다. 그러다보니 그의 동요는 민요풍이 많았습니다. 이것은 일제 시대 우리의 동요가 가지는 특징이기도 합니다.

윤석중의 동요에 나오는 아이들은 영리하지도 않습니다. 환상 속에서 살지도 않고, 신비스럽지도 않습니다. 일상에서 흔히 볼 수 있는 아이들이 대부분입니다. 잠 잘 자고, 밥 잘 먹고 뛰고 웃고 무럭무럭 자라나는 아주 정상적인 아이들이었습니다.

윤석중은 자연의 아름다움을 담는가 하면 어린이 행사 날

풍경을 그리기도 했습니다. 천진하게 잠든 어린애의 풍경도 담았습니다. 어떤 동요에는 어머니의 사랑을 담기도 하였습니다.

윤석중은 동요를 만드는 일 이외에도 어린이를 위한 활동을 많이 하였습니다. 어린이에게 꿈을 심어주기 위해 신문이나 잡지를 펴낸 것은 그의 큰 공적이었습니다. 〈소년〉, 〈유년〉 등의 잡지를 주간했는가 하면, 1945년에는 〈어린이 신문〉을 창간했습니다.

또, 어린이 문학을 활성화 시키기 위해 윤석중은 많은 아동 문학상을 제정하였습니다. 57년에 '소파상'을, 73년에는 '새싹 문학상'을 제정하였습니다.

윤석중의 공적을 이야기 할 때, 어린이 문화 보급에 앞장 선 사실도 빠뜨릴 수 없을 것입니다. 47년에는 노래동무회를 만들어 윤극영과 함께 동요 보급에 앞장 섰고, 56년에는 새싹회를 창설하여 어린이 문화를 풍요롭게 했습니다.

윤석중의 삶은 일관되게 동요와 어린이를 위해 바쳐졌습니다. 그의 동요는 우리 나라 아동 문학의 고전이 된 지 오래입니다. 또한 외국의 동요들과 비교해도 아무 손색이 없답니다.

시대를 앞선 풍속 화가 신윤복

혜원 신윤복은 1758년 도화서의 유명한 화원인 신한평의 아들로 태어났습니다. 도화서란 영조 때 만들어진 국립 미술 제작소입니다.

신윤복은 중인 계급의 화원의 자식이므로 이렇다 할 경력이 남아 있지 않습니다. 중인이란 양반과 상인 사이에 위치한 계층을 이야기합니다.

신윤복은 18세기를 풍미한 단원 김홍도와 매우 친하였습니다. 둘은 앞선 실학 사상에 깊이 매료되어 있었고, 또한 양반 계급을 싫어하고 서민들에게 깊은 애정을 보였습니다. 실학이란 학문을 연구함에 있어 현실 생활에 실제로 쓰일 수 있게 하는 경향을 이야기합니다.

당시의 화가들은 권력자들이 즐기는 산수화나 귀족들의 초상을 그리는 데에만 관심을 기울였습니다. 그러나 신윤복은 권세 높은 사람들보다는 평범한 사람들에게 보다 흥미가 있었습니다. 소박하고 진솔한 그들에게 인간적인 매력을 느꼈던

것입니다. 또한 당시 천대 받아 온 여인들의 생활에도 남다른 관심을 기울였습니다.

김홍도가 일하는 남성들을 그렸던 데 비해 신윤복은 주로 여성들을 화폭에 담았습니다. 한 가지 특이한 것은 그의 그림 속에서는 권세 높은 양반 부인의 모습은 찾아 보기 힘들다는 점입니다. 주위 사람들로부터 천대 받아 온 양반의 첩을 비롯하여, 비라 불리던 하녀, 기녀, 주막집의 여인네들이 대부분이었으니까요.

신윤복은 여태까지 화가들이 관심을 두지 않았던 곳에 눈을 돌려 대담한 필치로 각계 각층의 생활상을 담아냈습니다. 그러다 보니, 때로는 양반들의 파렴치한 위선도 신랄하게 풍자되곤 했지요.

신윤복의 대표작인 〈주막도〉에는 서민들의 애환에 따뜻한 관심을 쏟던 그의 태도가 충분히 드러나 있습니다. 이 작품 속에는 당시 흔히 볼 수 있는 주막을 그렸습니다.

부뚜막 곁에 앉아 술을 따르는 여인을 중심으로 시골 주막 특유의 풍경이 잘 묘사되어 있습니다. 마당에는 나이와 직업이 제각각인 사람들이 서성이고 있고, 마당 주위로는 활짝 핀 꽃이 봄날을 알려주고 있습니다. 사람들의 표정은 매우 세밀한 필치로 묘사되어 각자의 성격이나 풍모까지 짐작할 수 있습니다. 그림을 더욱 풍요롭게 하는 것은 한폭 한켠에 서 있는 남루한 차림의 하인입니다. 손님들의 시중을 기다리는 이 젊은이의 어리숙한 표정은 퍽 재미납니다.

손님들의 표정에는 먼 길에 피로도 엿보이고, 마른 목을 축이고자 하는 갈망도 엿보입니다. 한 잔 술에 이런저런 세상 이야기를 주고받는 정겨운 시골 주막을 그린 이 그림에는 서민들의 삶에 깊은 애정을 갖고 있는 신윤복의 마음이 표현되어 있습니다.

앞에서도 얘기했지만 신윤복은 여성들을 즐겨 그렸습니다. 당시 여성들은 봉건적인 유교 도덕에 묶여 생활을 하여야 했습니다. 이런 억압된 생활 속에서 그녀들이 손꼽아 기다리던 날은 단오날이었습니다. 봉건 윤리에 묶여 있던 규방(양반의 처, 첩이 생활하던 방)의 아녀자들에게 단오날만큼은 나들이가 허용됐던 것입니다.

이 작품〈단오도〉는 신록이 짙은 아름다운 계곡에서 즐겁게 노닥거리는 아녀자들의 정경이 잘 묘사되어 있습니다. 한 무리는 커다란 나무에 매단 그네를 즐기고, 다른 한 무리는 시냇물에 몸을 씻고 있습니다. 또한 화폭 오른쪽 가장자리에는 커다란 소쿠리를 머리에 이고 언덕을 오르는 노파의 모습이 그려져 있습니다.

즐겁게 노닥거리는 젊은 여인들의 표정에는 엄격한 구속에서 풀려나 하루 동안의 나들이를 한껏 즐기는 만족스러움이 엿보입니다. 이러한 묘사에는 여자를 천시하고, 억압하던 시대에 살던 불우한 여인들에 대한 화가의 애틋한 동정이 담겨 있는 듯합니다.

또, 재미난 것은 맨 왼쪽 상단에 자그맣게 그려져 있는 중들의 모습입니다. 중들은 풀 숲에 숨어 얼굴만 살짝 드러내고, 젊은 여성들의 몸을 훔쳐보고 있습니다. 이는 작가가 중들에 대해 은근히 풍자하고 있다고 볼 수 있습니다.

앞서 얘기했듯이 신윤복은 양반의 위선적인 모습을 은근히

비꼬길 잘했습니다. 그런데, 〈연당야유도〉에는 은밀함을 넘어 강렬한 풍자가 담겨 있습니다.

〈연당야유도〉는 양반들이 첩과 악사를 불러 놓고 아름다운 뜰에서 음악을 들으며 술을 즐기는 모습을 그린 것입니다. 양반들은 뒤룩뒤룩 살이 쪄 있고 한결같이 오만한 표정을 짓고 있습니다. 이에 반해 술을 나르는 여종이나 악사들은 삶에 지친 모습으로 그려져 있습니다.

이는 신분 차별의 악습이 사라지기를 희망하는 신윤복의 간절한 바람이 나타난 것이라고 할 수 있습니다.

신윤복은 18세기 단원 김홍도와 함께 한국 미술사에 길이 남을 탁월한 화가였습니다. 실학 사상에 관심을 기울이고, 억압된 여성들을 동정하며, 위선적인 양반을 풍자한 그는 시대를 앞서 산 예술가임이 분명합니다.

 진주 혈전 김천일

선조 25년 4월에 일본의 도요토미 히데요시는 20만 명의 왜병을 이끌고 조선 땅을 침략하였습니다. 나라를 사랑한 의사들은 재빠르게 의병을 일으켰습니다. 곽재우를 선두로 전국 각처에서 충의를 부르짖으며 일어선 것입니다.

나주에서는 김천일 장군이 분연히 봉기했습니다. 김천일은 나주에서 의병 1천 명을 거느리고 수원으로 진군하였습니다.

"수원은 북쪽 지방으로 통하는 관문이다. 왜병의 후속 부대는 이 곳을 거치게 마련이다. 내 목숨을 걸고 이 곳을 지키리라!"

김천일은 수원의 독고산성에 진을 치고 있었습니다. 장군은 평소 유비무환의 자세로 직책에 임했습니다. 그의 군사들은 언제나 출전 태세를 갖추고 있었습니다. 인근 지역에 적군이 침략하였다는 소문과 함께 곧바로 출정하기 위해서였습니다. 그러다 보니, 수원 근처에 접근하는 왜병들은 벼락 같은 기습에 쩔쩔매곤 했습니다.

다음 해 6월 김천일은 진주성의 수비를 막게 되었습니다.

선조 26년에 왜병 6만 명이 진주로 쳐들어왔습니다.

진주성은 조선의 제 1요새라고 할만큼 견고한 성이었습니다. 또 전년 10월에 김시민 장군이 적을 격파함으로써 더욱 유명해지기도 했습니다.

진주성의 지휘자는 김명원과 권율 장군이었습니다. 그들은 관군을 거느리고 김천일 등은 의병을 거느리고 의령에 집결했습니다.

이 때, 왜병들이 곧 진주성으로 들이닥칠 거라는 소문이 돌고 있었습니다. 관군들은 적세가 강함을 두려워하여 뒤로 물러서고자 하였습니다.

이에 김천일은 분연히 말했습니다.

"진주는 호남으로 통하는 길목입니다. 만약 적들이 진주를 점령하는 날이면 호남 지방은 적의 손아귀에 들어가게 됩니다. 호남 지방이 적의 손에 들어가는 날이면 국가적으로 치명적인 손실을 가져올 것이니, 우리는 목숨을 걸고서라도 이 곳을 지켜야만 합니다."

그러나 이 말에도 관군은 여전히 주저했습니다. 그러자 김천일은 고개를 절레절레 흔들며 각처에서 모인 의병장들과 함께 진주성으로 달려갔습니다.

6월 20일에 적장 가등청정은 진주 근처인 지경까지 진격했습니다. 의병장들은 초반에 기선을 제압하는 것이 중요하다고 생각했습니다. 어두운 밤중 의병장 이잠과 오유가 적들을 정찰하기 위해 성을 빠져나갔습니다. 그들은 대담하게 적의 진지에 몰래 잠입하여 몇 명의 목을 들고 돌아왔습니다. 그것을 본 병사들의 사기는 하늘을 찌를 듯했습니다.

다음 날 왜군 6만이 진주성으로 진격하여 겹겹으로 성을 에워쌌습니다. 성 안으로 총탄이 비 오듯 쏟아졌습니다.

그러나, 우리 병사들은 조금도 당황하지 않고 활을 쏘며 대전했습니다.

그 날 밤 왜군들은 어둠을 틈타 진주성의 동쪽으로 진격하였습니다. 개미떼처럼 성벽을 기어오르는 왜군을 향하여 우리 병사들은 끓는 물을 퍼붓고 돌을 굴려 내렸습니다. 또, 불화살을 쏘아대니 성 밑으로는 왜군들의 시체가 산더미처럼 쌓였습니다.

적장 가등청정은 공격 방법을 다르게 해야 한다고 생각했습니다.

"성을 올려다보며 공격하면 우리가 당하게 되어 있다!"

이런 생각에서 적장은 진주성 주위로 진주성보다 더 높은 토성을 쌓았습니다.

그러자 우리 쪽에서는 성 안에 보루를 세워 대적했습니다.

적들은 성 안으로 총을 쏘고 불을 던져 공격했습니다. 성 안에서는 대포를 쏘며 적에 맞섰습니다.

이렇게 5일 동안 밤낮을 가리지 않고 서로 격전한 끝에 왜적들은 많은 사상자를 내고 일단 퇴각하였습니다.

적장 가등청정은 싸움에 밀리는 이유를 알 수 없었습니다.

"우리 병사는 6만에 이르는데, 겨우 2만에 불과한 적들에게 당하다니…… 장수로서 이처럼 부끄러운 일이 또 어디 있을꼬."

고심 끝에 적장은 이번에는 6만의 병사가 한꺼번에 진주성

의 동서남북을 기습하기로 작정하였습니다. 6만 대군이 한꺼번에 고함을 지르며 달려드니 천지가 무너지는 듯하고 총알이 빗발처럼 쏟아졌습니다.

적들의 공격은 매서웠습니다. 6만 군이 9일 동안을 밤낮으로 공격하니 6월 29일에 성의 한쪽이 무너지고 말았습니다. 적병들은 무너진 쪽으로 파도처럼 밀려들었습니다.

이 때, 진주 목사 서예원이 적을 피하여 도망하는 일이 발생했습니다. 이를 본 우리 병사는 순식간에 혼란에 빠지고 말았습니다. 적군의 기세는 하늘을 찌를 듯했습니다. 수없이 많은 우리 병사들이 적의 칼날 아래 목숨을 잃고 말았습니다.

최후까지 싸움을 독려하다, 더 이상 희망이 보이지 않자 김천일은 차라리 자결하는 쪽을 택했습니다. 김천일은 몇몇 의병장들과 손을 잡고 남강으로 뛰어들었습니다.

그러나 길준민 장군은 칼을 휘두르며 홀로 말을 달려 벌떼와 같은 적진으로 뛰어들어 최후의 순간까지 닥치는 대로 적을 격파하다가 장렬하게 전사하였습니다. 또 이숭인 장군은 양쪽 겨드랑이에 적병을 끼고 남강에 뛰어들며 큰소리로 이렇게 외치며 최후를 마쳤습니다.

"김해 부사 이숭인이 여기서 죽는다!"

조정에서는 이 소식을 듣고 땅을 치며 통곡하였습니다. 왕은 죽은 의병장들에게 그 공에 따라 벼슬을 내렸고 김천일에게는 좌찬성이란 벼슬을 내렸습니다.

〈어부사시사〉를 지은 윤선도

고산 윤선도 선생은 1587년 서울에서 윤유심의 아들로 태어났습니다.

윤선도 가문의 제일 어른인 큰아버지에게는 아들이 없었습니다. 때문에 해남 윤씨는 대가 끊길 판이었습니다. 집안 어르신들의 걱정은 대단했습니다. 연일 회의를 거듭한 끝에 마침내 윤선도를 큰아버지의 양자로 삼기로 결정을 내렸습니다.

이렇게 하여 여덟 살 된 윤선도는 부모의 곁을 떠나 멀리 전라남도 해남 땅으로 길을 떠났습니다.

큰아버지 윤유기는 일찍이 과거에 급제한 후, 한때 강원도 관찰사를 지내신 분입니다.

어린 나이에 부모와 헤어져 낯선 곳에서 살게 된 윤선도는 무척 외로웠습니다. 그러다 보니 저절로 자연과 친하게 되었습니다. 이런 생활은 훗날 그의 시조에서 자연 사랑으로 나타나게 되었습니다.

양아버지 윤유기는 윤선도를 철저히 교육시켰습니다. 윤선

도는 불평 한 마디 없이 공부에 매진했습니다.

　노력은 결실을 맺어 18세가 되던 해에 그는 진사 초시 과거에 합격하였습니다.

　과거에 합격하고도 공부가 부족하다고 생각한 윤선도는 곧바로 벼슬길에 오르지 않고 성균관에 들어갔습니다.

　그 무렵 나라의 왕은 광해군이었습니다. 이이첨을 중심으로 구성된 간신들은 광해군의 눈을 어지럽히고 정치를 그르쳤습니다.

　윤선도는 한심한 간신배들을 더 이상 두고 볼 수 없었습니다. 마침내, 임금에게 이이첨 무리의 간사함을 일일이 적어 상소를 올렸습니다.

　이 사실은 선비들 사이에 큰 이야기 거리가 되었습니다.

　"아니 감히 누가 이이첨 대감을 비난하는 글을 올렸을까?"

　"뭐라고, 이이첨 대감을 비난해? 이 대감이라면 날아가는 새도 떨어뜨릴 수 있다는데……."

　얼마 후, 그 자가 바로 성균관의 젊은 유생 윤선도임이 밝혀지자, 선비들은 더욱 놀라고 말았습니다.

　"아니, 윤선도가 목숨을 걸고 상소를 올렸단 말이야? 샌님인 줄 알았더니 대장부로구만!"

　윤선도가 올린 상소는 하도 유명하여 '병진소'라는 이름까지 얻었습니다. 그러나 병진소만으로 막강한 세력가인 이이첨을 물러나게 할 수는 없었습니다. 도리어 죄를 뒤집어 쓰고는 귀양을 가는 처지가 되었습니다.

　귀양지는 함경도 경원 땅이었습니다. 귀양살이 8년 동안 윤선도는 한 번도 꿋꿋함을 잃지 않았습니다. 다만 양아버지 윤

유기가 돌아가셨다는 소식을 들었을 때는 목놓아 울었습니다. 비록 양아버지였지만 윤선도는 친아버지 이상으로 모셔왔습니다. 귀양 온 몸이라 아버지의 임종을 지키지 못한 윤선도는 불효를 씻고 싶어 시조를 지었습니다.

> 산은 길고길고 물은 멀고멀고
> 어버이 그리워하는 뜻은 많고많고
> 외기러기는 어디로 울며울며 가는구나.

〈견회요〉라는 이 시조에는 어버이를 잃은 자신의 모습을 외기러기에 빗대어 효성을 잘 표현하고 있습니다.

오랜 귀양살이가 끝났을 때 광해군은 물러나고 인조 임금이 새로 왕위에 올라 있었습니다. 인조는 윤선도에게 벼슬을 주겠노라고 한양으로 불렀으나 윤선도는 공손히 사양하고 해남으로 내려갔습니다.

해남에서 윤선도는 학문에 매진하여 다시 과거를 치렀습니다. 이미 탁월한 학문의 경지에 이른 윤선도는 당당히 장원급제하였습니다.

당시 인조는 왕자들을 가르칠 스승을 찾던 터였습니다. 익히 윤선도의 높은 학식을 들어 온 인조인지라, 그를 왕자들의 스승으로 삼는 데 주저함이 없었습니다.

"봉림은 세자의 몸으로 장차 이 나라를 이끌어야 할 왕자이니 그대가 잘 이끌어 주시오. 인평 또한 과인이 몹시 아끼는 왕자이니 잘 지도해 주시오."

"황공하옵니다. 힘껏 가르치도록 하겠습니다."

당시 나라의 대신들은 당파 싸움에 골몰해 있었습니다. 서인이니 남인이니 하며 나라는 돌보지 않고 헛된 싸움만 일삼았던 것입니다. 윤선도는 어느 쪽에도 속하지 않았으나, 굳이 나눈다면 남인에 가까웠습니다. 세자를 가르치며 인조의 총애를 한몸에 받고 있던 윤선도는 서인들의 공격 대상이 되었습니다.

그러던 어느 날, 서인들은 윤선도가 세자에게 정음을 가르쳤다고 트집을 잡았습니다. 정음이란 세종 대왕이 만든 한글의 다른 이름입니다. 당시에 정음은 여자들 혹은 천민들이나 쓰는 글자로 무시받고 있었습니다.

윤선도는 무릇 한 나라의 왕이라면 백성들이 사용하는 글을 알아야 한다고 생각했던 것입니다. 그러나 서인들은 이를 집요하게 물고 늘어져 마침내 윤선도를 벼슬에서 쫓아버렸습니다. 이렇게 해서 윤선도는 다시 해남으로 내려갔습니다. 그러나 윤선도는 전혀 노여워하지 않았습니다. 자연을 벗하며 시조를 짓게 되어 오히려 흡족해하였습니다.

이즈음 나라 밖에서는 청이란 나라가 새로이 크게 위세를 떨치고 있었습니다. 청나라는 자신들의 세력을 과시하기 위해 조선을 침략하였습니다. 당파 싸움으로 국방이 허술하던 우리나라는 속수무책으로 당하였습니다. 마침내 삼전도라는 곳에서 인조 임금이 청나라 임금에게 세 번 절하여 항복하고 말았습니다.

윤선도는 이 치욕스러운 소식에 눈물을 흘렸습니다.

'온 강토가 오랑캐에게 짓밟혔구나. 나는 오랑캐의 발길이 닿지 않은 깨끗한 탐라에 가고 싶구나!'

윤선도는 분함을 삼키며 배를 타고 탐라로 향했습니다. 그러나 도중에 폭풍을 만나 완도에 배를 대어야 했습니다. 폭풍을 피하기 위해 잠깐 배를 댄 것뿐인데, 윤선도는 그 섬의 경치에 매료되고 말았습니다.

"이 곳이야말로 내가 꿈에도 그리던 곳이로다! 수려한 경치하며, 푸른 바다라…… 이 곳에서 시조를 벗하며 살아야겠구나."

그 섬, 완도는 달리 보길도라고도 하였습니다.

보길도에 살면서 윤선도는 빼어난 시조를 많이 남겼습니다. 시조의 내용은 자연을 벗하며 살아가는 즐거움을 노래한 것이 대부분이었습니다.

어떤 사람들은 윤선도의 시조를 두고 생활하는 사람들의 냄새가 배어있지 않다고 비난합니다. 하지만 윤선도의 〈어부사시사〉는 그러한 비난을 무색하게 합니다.

〈어부사시사〉는 모두 43수로 이루어진 시조집입니다. 거기에는 봄, 여름, 가을, 겨울철의 어부의 생활이 잘 드러나 있습니다.

> 날이 더우니 물 위로 고기 뜬다
> 갈매기 두세 마리 오락가락 하는구나
> 낚싯대는 준비되었는데 탁주병은 실었느냐
> 고기잡이 가자꾸나…….

위 노래는 〈어부사시사〉 중의 한 대목입니다.

〈어부사시사〉에는 이처럼 작은 조각배를 바다에 띄우고 바

닻가의 갈대를 한 움큼 꺾어다 불을 피워 고기를 굽고 막걸리를 들이키는 소박한 어부들의 모습이 잘 나타나 있습니다.

오랫동안 어부들의 생활과 자연을 관찰해 온 사람이 아니고는 이러한 작품은 불가능합니다.

〈어부사시사〉는 그의 대표작이며 우리 문학사의 위대한 시조 작품이기도 합니다. 조선 시대의 3대 시조 작가라 하면 송강 정철과 노계 박인로 그리고 고산 윤선도를 꼽습니다.

오늘날의 문학 평론가들은 윤선도의 공적을 크게 두 가지로 말합니다.

첫째, 시조를 단순한 양반들의 취미 거리에서 문학의 한 분야로 끌어올렸다고 합니다. 둘째, 한문이 아닌 우리 글로 훌륭한 작품을 쓸 수 있다는 가능성을 보여 주었다고 합니다.

오랜 귀양살이에도 흔들리지 않고 위대한 시조 작품들을 남긴 윤선도는 85세를 일기로 눈을 감았습니다.

밝은 임금—어두운 아버지  영조

영조 임금은 1694년 숙종의 아들로 태어났습니다. 숙종에게는 두 명의 아들이 있었습니다. 첫째는 희빈 장씨가 낳은 균이고, 둘째는 숙빈 최씨가 낳은 금이었습니다. 이 중 균은 훗날의 경종이고, 금은 훗날의 영조 임금입니다. 왕자 시절 영조의 이름은 영잉군이었습니다. 세자는 첫째 아들 균으로 책봉되었습니다.

세자 균은 14세 때부터 병을 얻어 제왕 수업을 제대로 받지 못했습니다. 더군다나 자식을 낳지 못하여 아버지 숙종의 걱정은 이만저만이 아니었습니다. 결국 1717년 숙종은 영잉군을 새로운 세자로 책봉하자고 대신들에게 제안했습니다.

이 당시 나라의 정치는 당파 싸움으로 몹시 시끄러웠습니다. 노론과 소론이란 당파가 연일 핏대를 올리며 싸웠던 것입니다. 특히 세자 책봉 문제를 둘러싸고 두 당파는 그야말로 혈전을 벌였습니다.

소론에서는 세자 균을 밀었고, 노론 측에서는 영잉군을 밀

었습니다. 이제 누가 왕이 되느냐에 따라 두 당파의 명암이 갈릴 터였습니다.

그런데, 다행스럽게 1724년 경종(균)이 사망하여 영조가 세자에 오르게 되었습니다.

영조는 왕위에 오르자 자신을 떠받들던 노론을 정치에 불러들였습니다. 또한 세자 책봉을 둘러싼 당쟁에서 자신을 죽음 직전까지 몰고간 소론의 일부 인사들을 제거했습니다.

그러나 영조는 무엇보다도 당쟁을 해소시키고 싶었습니다. 그 자신이 당쟁으로 목숨을 잃을 뻔한 적이 있기 때문에 당쟁이라면 진절머리가 났던 것입니다. 또한 당쟁은 국가의 이익에 아무 도움도 되지 않는 그야말로 백해무익한 싸움이었기 때문입니다.

영조는 당쟁을 소탕하기 위해 인재를 고루 등용하는 등의 정책을 폈습니다. 이것을 탕평책이라고 합니다. 하지만 이러한 탕평책에도 불구하고 당쟁의 불씨는 계속 살아남았습니다. 일부 권력에 눈이 어두운 무리들 때문이었습니다.

그런데 1728년, 뜻하지 않던 일이 발생했습니다. 영조의 축출로 정계에서 밀려난 소론의 과격파가 난을 일으킨 것입니다. 난의 우두머리는 이인좌라는 인물이었습니다. 그는 임금인 영조를 부정하고 소현 세자의 증손인 밀풍군을 왕으로 추대하였습니다. 이인좌는 스스로를 대원수라 칭하고 무장봉기를 일으켰습니다.

상여에 무기를 싣고 청주에 진입한 그는 충청병사와 군관을 살해하고 청주성을 점령하였습니다. 그 후 영조를 비난하는 격문을 각처에 뿌렸습니다.

'경종 임금은 영조의 지시로 독살되었다. 지금 임금은 숙종의 진짜 아들이 아니다.'

경종의 복수를 한다는 명분으로 봉기한 소론의 과격파 이인좌는 영남과 호남 지방에서 큰 호응을 받았습니다.

한편 영조의 대응은 재빠르게 이루어졌습니다. 도성문을 폐쇄하고 서울 외곽의 관군을 동원하여 토벌에 나선 것입니다. 그리하여 안성과 죽산에서 이인좌를 생포하게 되었습니다.

이인좌의 난은 전화위복 격으로, 난이 정리되자 탕평책은 빛을 보기 시작했습니다. 또한 왕권의 강화로 안정된 정책을 펼 수 있게 된 것입니다. 그리하여 이 무렵부터 영조는 노론, 소론 할 것 없이 고르게 인재를 등용할 수 있게 된 것입니다.

왕권이 안정되자 영조는 순풍에 돛을 달듯 여러 정책들을 펴나갔습니다. 먼저 국방 정책을 꾸준히 새롭게 하였습니다. 1729년 화차를 개조하고, 그 이듬해에는 조총을 직접 제작하였습니다. 해군력도 강화되었습니다. 전라좌수사 전운상이 만든 해골선을 통영과 각 도, 수영에서 제작케 하였습니다. 한편 새로이 평양과 강화도에 성을 축조하기도 했습니다.

다음으로 학문 분야에서 큰 진전을 이루었습니다. 영조는 학문을 좋아했고 여러 권의 책을 직접 짓기도 했습니다. 특히 영조 말년에 편찬된 실학 서적은 학문 사상 중대한 업적으로 평가되고 있습니다.

실학은 실생활에 도움이 되도록 세밀한 관찰과 검증을 중시하는 학문 경향입니다. 홍대용의 〈연행록〉, 유형원의 〈반계수록〉, 신경준의 〈도로고〉가 이 때 편찬되었습니다.

영조의 위대한 치적 중의 하나는 균역법의 실시였습니다.

균역법의 시행을 통해 조선 건국 이후 최초로 양정(국방의 의무를 수행할 수 있는 장정)의 수를 파악할 수 있었습니다. 균역법은 양포세(베로 바치는 세금)를 반으로 줄이고 부족분은 어업세, 염세, 선박세 등으로 보충하는 제도를 말합니다. 영조는 균역법의 실시를 위해 그리고 일반 백성들의 이익을 위해 양반들의 양보를 강요하기도 했습니다.

한편 영조는 나라 안에 금주령을 내리기도 했습니다.

"술을 만든 자는 귀양을 보내고, 마신 자는 노비로 만들라!"

사실 이 어명은 애주가들에게는 가혹하기 그지 없는 것이었습니다.

금주령이 내린 다음 해 11월에 유세교라는 백성이 술을 만들다가 형조에 잡혀왔습니다. 그러나 그는 자기가 만든 것은 술이 아니라 식초라고 우겼습니다. 영조는 그 '술'을 가져오게 하여 신하들에게 맛보게 하였습니다.

"술이냐, 초냐?"

영조가 신하에게 물었습니다.

"예, 술이옵니다."

신하들은 그렇다고 대답했습니다.

"정말, 틀림없이 술이냐?"

"예, 그렇습니다."

영조가 우의정 김상로에게 다시 물었습니다.

"그게 술이요, 초요?"

"초이옵니다."

김상로는 임금의 뜻을 알아차리고 그렇게 대답하였습니다.

"맞다, 초로구나!"

영조는 이렇게 대답하고는 유세교를 풀어주고 오히려 유세교를 잡아 온 형리를 가두었습니다. 백성을 사랑하는 영조의 마음은 이해하고도 남지만, 형리를 벌하는 것은 좀 과하였습니다. 이러한 일화에는 영조의 정신병적인 측면이 엿보입니다. 이러한 영조의 정신병적 기질은 더 큰 비극을 불렀습니다.

장헌 세자는 나면서부터 매우 영특하였습니다. 10세 때 이미 정치를 비판할 정도로 뛰어난 인물이었습니다. 그런데 세자는 자라나면서 점차 행동이 흐트러지기 시작했습니다. 그러자 영조는 수시로 세자를 불러 크게 꾸짖었습니다.

얼마 후 세자는 정신 이상 증세를 보여 함부로 궁녀를 죽이고 여승을 궐내로 불러들이는 등 난행과 광태를 보였습니다. 영조는 세자에게 국정을 맡길 수 없다는 생각을 점차 굳혔습니다. 부자 관계가 더욱 악화된 것은 영조가 병이 들었을 때였습니다. 신하들은 세자에게 약을 직접 권해 드리라고 종용했지만 세자는 두려움 때문에 이를 거절하여 영조의 심기를 몹시 불편하게 했습니다.

1761년, 세자는 영조도 모르게 궁궐을 벗어나 평양 지방을 유람하고 돌아왔습니다. 영조는 그 때 세자를 수행했던 대신들을 모두 파직시키고 휘령전에서 세자를 뒤주 속에 가두었습니다. 세자는 뒤주에 갇힌 뒤 8일 만에 죽었습니다.

영조는 백성을 위해 어질고 현명한 정치를 펼친 임금이었지만, 자식을 해한 그의 행적은 오래도록 커다란 흠으로 남아 있습니다.

백제의 마지막 임금 의자왕

백제의 마지막 임금인 의자왕은 아버지인 무왕의 맏아들로 태어났습니다. 의자왕은 어려서부터 효심과 형제간의 우애가 깊었습니다. 이 때문에 그는 우리 나라의 증자란 뜻의 해동증자라고 불리었습니다. 증자는 공자의 제자로서 효경을 지은 사람입니다.

의자왕은 641년에 아버지 무왕의 뒤를 이어 왕위에 올랐습니다.

당시 백제는 신라와 치열한 전투를 벌이고 있었습니다. 어려서부터 용맹스러웠던 의자왕은 친히 전투에 참가해 미후 등 40여 개의 신라의 성을 빼앗기도 했습니다. 또 윤충이란 장수를 보내 대야성을 빼앗아 신라에 큰 타격을 주었습니다. 학문에 밝고 지략에 능한 의자왕은 10년 동안 신라와의 전투에서 연전연승하여 신라를 막다른 골목으로 몰아넣기도 했습니다.

그러나 이 모든 승리는 두 명의 명장이 있었기에 가능했습니다. 부여성충과 부여윤충 형제가 바로 그들입니다. 이들은

각기 병관좌평(국방부 장관격)과 야전군 사령관을 맡아 신라와의 전쟁에서 빼어난 활약을 보였습니다. 성충은 고구려 연개소문을 만나 비밀 동맹을 맺는 등 외교에도 수완을 발휘하였습니다. 또 성충은 대세를 읽는 능력이 탁월하여 의자왕에게 중요한 조언을 해주는 역할도 맡았습니다.

그러나 의자왕이 왕위에 오른 지 10년이 지나면서 백제의 운명에 먹구름이 끼었습니다. 의자왕이 돌연 방탕하고 호사스러워진 것입니다. 의자왕은 태자궁을 짓는다 망월정을 짓는다 하며, 쓸데없는 일로 호들갑을 떨었습니다.

나라의 장래를 걱정한 성충은 의자왕에게 간곡히 청했습니다.

"전하! 술과 여자를 멀리하셔야 합니다. 예전의 총명한 성품으로 돌아와 나라를 돌보아야 합니다."

그러나 술과 놀이에 빠져있던 의자왕은 성충의 조언을 귀찮게만 여겼습니다. 오히려 의자왕은 성충의 말에 분노하여 그를 옥에 가두어 버렸습니다. 나이 든 성충에게 옥살이는 힘에 겨웠습니다. 성충은 옥에서 죽기 전에 다시 한 번 의자왕에게 상소를 올렸습니다.

"신은 죽을지라도 이 한 말씀만은 올려야겠습니다. 장차 닥칠 전쟁에서 적이 오거든 육로에서는 탄현(충남 대덕)을 막고 수로에서는 백강(장항)을 막아 대비하시기 바랍니다."

그러나 의자왕은 이 조언마저 무시하고 말았습니다.

이즈음에 백제에는 상서롭지 못한 조짐들이 일기 시작했습니다.

오회사라는 절에 커다란 붉은 말 한 마리가 나타나 밤낮으

로 여섯 번 절터를 돌아다녔습니다. 2월에는 여우 여섯 마리가 대궐로 들어왔으며, 그 중 한 놈이 좌평의 책상 위에 올라앉았습니다. 5월에는 길이가 세 길이나 되는 큰 물고기가 사비수 강가에 죽어 있었습니다.

그런데, 이 물고기를 먹은 사람이 모두 죽고 말았습니다. 또 혼령 하나가 궁중으로 들어오더니 큰소리로 부르짖기를,

"백제는 망한다! 백제는 망한다!"

하다가 이내 땅 속으로 들어갔습니다.

이를 이상히 여긴 의자왕은 사람들을 시켜 땅을 파게 했습니다. 석 자쯤 땅을 파내려 갔을 때 거북 한 마리가 나왔습니다. 놀랍게도 거북의 등에는 글이 씌어 있었습니다.

'백제는 둥근 달과 같고, 신라는 새 달과 같다.'

의자왕은 무당에게 그 글귀가 뜻하는 바를 물었습니다.

"둥근 달은 기울게 마련이고 새 달은 점차 가득 찰 것입니다. 그러니 백제는 점점 쇠약해질 것이고, 신라는 차차 강해질 것입니다."

이 말에 의자왕은 노발대발하며 무당을 죽여 버렸습니다.

한편 의자왕이 놀이에서 헤어나지 못하는 동안 신라는 착실히 힘을 쌓아 나갔습니다. 마침내 660년에 당나라에 사신을 보내 군사를 요청했습니다. 당나라 고종은 소정방에게 13만 군사를 주어 신라를 돕도록 했습니다.

신라군이 쳐들어온다는 소식에 의자왕은 서둘러 회의를 열었습니다. 신하들의 의견은 분분하여 의자왕은 누구의 말을 따라야 할지 망설였습니다.

이 때 의자왕은 귀양 가 있는 흥수라는 신하가 떠올랐습니

다. 의자왕은 사람을 시켜 흥수에게 대책을 물어 오게 했습니다.

"물으로 오는 신라군은 탄현을 넘지 못하게 막고, 당나라 수군은 백강 안으로 들어오지 못하게 막아야 합니다."

사자는 흥수의 이러한 대책을 의자왕에게 급히 알렸습니다.

"아니 그것은 죽은 성충의 말과 같지 않느냐?"

의자왕은 고개를 갸웃 하며 말했습니다.

그러나, 여러 신하들은 이 말을 그릇된 견해라고 무시했습니다.

"전하! 흥수는 귀양 간 몸이므로 더 이상 나라 일엔 관심이 없습니다. 그런 자의 말을 따랐다간 큰 화를 당하기 십상입니다. 그러니 당나라 군사가 백강에 들어와 강물을 따라 내려오도록 내버려 두어야 합니다. 그러면 그들은 그물에 걸린 물고기와 다를 바 없습니다. 또 신라군이 탄현에 올라와서 작은 길을 따라 내려오도록 내버려 두어야 합니다. 그 때 우리 군사가 덤벼들면 그들은 독 안에 든 쥐와 다를 바 없을 것입니다."

"과연 그대들의 말이 옳도다!"

의자왕은 마침내 많은 신하들의 의견을 따르기로 했습니다.

신라군과 당나라 연합군은 밀물처럼 들이닥쳤습니다. 의자왕이 내보낸 계백 장군은 훌륭히 싸웠으나, 결국 황산벌에서 전사하고 말았습니다.

당나라 장수 소정방은 백강을 타고 뭍으로 나가 백제군을 크게 무찔렀습니다. 기세가 오른 소정방은 군사를 이끌고 백제의 수도 사비성으로 진격했습니다.

당군이 성으로 밀고 들어왔을 때야 의자왕은 뒤늦게 뼈저린

후회를 했습니다.

"아, 성충의 말을 따랐다면 이 지경은 되지 않았을 텐데……."

의자왕에게 남은 길은 도망가는 것밖에 없었습니다. 그는 왕자 융과 함께 웅진성(공주성)으로 도망쳤습니다.

그러나 기세가 오른 당나라 군대는 거칠 것이 없었습니다. 얼마 후 소정방은 웅진성마저 포위했습니다.

마침내 660년, 의자왕은 태자 융과 여러 신하들을 거느리고 나와 항복하고 말았습니다. 이로써 백제는 온조 왕이 나라를 세운 지 678년만에 망하였습니다.

시조의 대가 정철

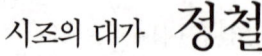

송강 정철 1536년 중종 31년 12월 6일에 태어났습니다. 정철의 집안은 서울에서도 세력있는 집안 중 하나였습니다. 인물이 빼어난 두 누님이 왕가와 혼인을 했기 때문입니다.

넉넉한 집안 형편 덕에 정철은 무엇 하나 부족할 게 없는 어린 시절을 보냈습니다. 큰누이가 인종의 후궁인지라 대궐을 드나드는 것도 문제가 되지 않았습니다. 그 곳에서 정철은 왕자들과 어울려 놀기도 했습니다.

그런데 정철이 10살 때인 1545년, 나라에는 을사사화라는 큰 난리가 있었습니다. 이 사건으로 많은 선비들이 죽거나 귀양을 가게 되었습니다.

을사사화에 정철의 매부인 계림군이 말려들어 죽게 되자, 정철의 집안도 몰락의 길을 걷게 되었습니다.

아버지 정유심은 함경도 정평으로 귀양가게 되었고, 큰형 정자는 계림군과 더불어 음모를 꾸몄다는 이유로 전라도 지방으로 귀양을 가게 되었습니다.

열 살바기 정철과 어머니도 아버지를 따라 정평으로 가게 되었습니다. 집안 형편이 어려워지자 정철에게도 험한 세월이 시작되었습니다. 낡은 옷을 입어야 했고, 때로 남들의 업신여김도 당했습니다.

아버지는 무엇보다도 막내 아들 정철에게 공부를 시키지 못하는 것을 가슴 아파했습니다.

"네가 빨리 좋은 스승을 만나 공부를 해야 할 텐데, 큰일이구나."

아버지는 깊은 한숨을 내쉬었습니다.

"아버지, 걱정 마세요. 제 나이도 이제 열 살인 걸요. 책을 빌려서라도 공부할게요."

"호, 우리 막내가 제법 어른스러워졌구나. 열심히 공부해서 집안을 다시 일으켜야 한다."

"아버님 말씀 명심하겠습니다."

이 때부터 정철은 혼자서 공부를 시작하였습니다. 책을 읽으며 글자를 땅바닥이나 벽에 써보곤 하였습니다. 하지만 스승이 없는 터라 공부에는 별다른 진전이 없었습니다.

힘겨운 세월이 계속되던 어느 날 정철의 집안에도 희망이 싹트기 시작했습니다.

명종 임금이 아들을 낳자, 그것을 축하하는 의미로 많은 죄인들을 풀어주었습니다. 아버지 정유심도 이 때 풀려나게 되었습니다. 이 때 정철의 나이는 16세였습니다.

아버지는 생각 끝에 가족들을 데리고 전라도 담양으로 살림을 옮겼습니다. 담양에는 오래전부터 친분이 있어 왔던 양반들이 살고 있었기 때문입니다. 그 곳 사람들은 한때 세력가였

던 정유심과 몹시 사귀길 원하였습니다. 이 때부터 정철의 집안 사정은 차츰 나아졌습니다.

이제 정철에게 가장 중요한 것은 턱없이 부족한 공부를 벌충해야 한다는 것이었습니다. 당시 담양 지방의 훌륭한 학자로는 기대승과 김인후가 있었습니다. 특히 기대승은 16세가 되도록 한 번도 제대로 된 가르침을 받아보지 못한 정철의 처지를 동정하였습니다. 이리하여 기대승은 정철을 제자로 받아들였습니다.

같은 또래의 학생들은 수준 있는 책을 배웠지만, 정철은 어린 아이들이나 배우는 쉬운 책부터 시작해야 했습니다. 그러나 정철은 이를 조금도 부끄럽게 여기지 않았습니다. 자신의 처지를 받아들이고 공부에 박차를 가하였습니다. 다른 소년들이 모두 나가 놀 때에도 혼자서 글을 쓰고 책을 읽었습니다.

'비록 지금은 실력이 부족하지만 타고난 재주로 보아 앞으로 큰 인물이 될 것 같구나.'

스승 기대승은 정철의 남다른 총명함을 꿰뚫어 보았습니다.

그 후, 정철은 26세가 되던 해에 진사과에 합격하였습니다. 다시 일년 후 명종 17년인 1562년에 최고의 시험인 문과에 장원급제하였습니다.

그즈음 30세 전에 문과에 합격하는 사람은 극히 드물었습니다. 때문에, 16세 때부터 공부를 시작하여 27세로 문과에 합격한 정철은 사람들의 놀라움을 자아냈습니다.

이 때부터 정철은 벼슬길에 올라 31세에 함경도의 암행어사로 임명되었습니다. 정철은 허름한 나그네 차림을 하고 관북 지방으로 길을 떠났습니다.

타고난 글재주 덕에 정철은 시조를 곧잘 읊었습니다. 어느 날 저녁 무렵 정철은 주막집에 들렀습니다. 정철은 큰 목소리로 다짜고짜 술상을 시켰습니다.

술집 사람들은 허름한 차림의 정철을 떨떠름하게 쳐다보며 말했습니다.

"술 안 팔아요, 어서 돌아가시오."

그러나 정철은 넉살 좋게 눌러 앉아 있었습니다. 거기다 멋드러지게 시조까지 읊는 것이었습니다.

영리한 기생 하나가 이를 이상히 여겼습니다.

"주인 어른, 아무래도 저 사내가 보통 나그네가 아닌 듯 합니다. 저리 초라한 몰골에 저렇게 기품 있는 시조를 읊다니……."

"정말 그렇네. 혹시 암행어사가 아닐까?"

이번엔 다른 기생이 말했습니다.

기생들은 잠시 저희들끼리 속닥거리다 걸게 술상을 차리고 방으로 들어왔습니다. 술에 시조까지 곁들여지자 방안은 흥취로 가득했습니다.

잠시 후 정철은 문득 어떤 영감이 떠올라 새로이 시조를 지었습니다. 그 시조는 임금인 명종이 곧 세상을 떠날 것이고 새 임금이 들어서면 자기도 벼슬이 높아질 것이라는 내용이었습니다. 기생들은 이 시조를 무척 마음에 들어하였습니다.

정철이 떠난 후로도 기생들은 이 시조를 두고두고 읊었습니다. 그리하여 그 노래는 함경도 지방의 기생들에게 크게 유행하였다 합니다. 그런데, 신기하게도 그 해에 명종이 세상을 떠나고 새로이 선조가 임금이 되었습니다.

정철은 풍류와 시조를 즐겼습니다. 글깨나 쓴다는 풍류객들이 예전의 시조를 그대로 불렀는 데 반해 정철은 손수 시조를 지어 불렀습니다. 오늘날까지 전해지고 있는 정철의 작품은 80여 수에 이릅니다.

그의 시조나 가사에는 임금을 그리워하는 마음이 절절히 담겨 있습니다. 이러한 내용의 작품으로는 〈사미인곡〉, 〈속미인곡〉 등이 있습니다. 또 강원도 관찰사로 있을 무렵 그 곳 백성들을 교화하고자 지은 시조도 있습니다. 〈훈민가〉가 바로 그것입니다. 훈민가에는 유교적인 효 사상이 잘 드러나 있습니다.

아버님 날 낳으시고 어머님 날 기르시니
두 분 곧 아니시면 이 몸이 살았을까
하늘 같은 은덕을 어디 대어 갚사오리

어버이 살아신 제 섬길 일랑 다하여라
지나간 후면 애닯다 어이하리
평생에 고쳐 못할 일이 이뿐인가 하노라

또한, 관동 지방의 아름다운 풍광을 절묘하게 나타낸 가사 작품인 〈관동별곡〉이 있습니다. 그리고 풍류가답게 정철은 술자리에 초청을 받아 길을 나선 애주가의 흥취를 담은 〈장진주사〉라는 가사도 지었습니다.

그의 벼슬 생활은 순탄치만은 않았습니다. 당시 어지러운 당파 싸움에 정철도 한몫 거들었기 때문입니다. 최고의 자리

인 정승에 올랐는가 하면, 반대 당파의 모함으로 귀양을 가기도 했습니다.

 정철은 30년 간 긴 벼슬 생활을 하다가 선조 26년인 1593년 12월 18일에 세상을 떠났습니다. 이 때 그의 나이 58세였습니다.

 그러나 그가 남긴 여러 편의 시조와 가사는 뛰어난 작품성으로 오늘날까지 회자되고 있습니다.

거짓을 싫어한 화가 이중섭

얼굴이 갸름하고 창백한 사내 한 명이 화랑의 복도를 걷고 있었습니다. 훤칠한 키에 벙거지 모자를 쓴 사내의 눈빛은 차가웠습니다.

"아니, 화가 이중섭 씨 아니십니까? 다시 만나게 되어 영광입니다."

복도 맞은 편에서 걸어오던 중년 남자가 사내를 아는 체했습니다. 미소 띤 얼굴로 중년 남자는 손을 내밀어 악수를 청했습니다.

그러자 딱딱한 표정을 그대로 유지한 채로 사내가 악수를 받았습니다.

중년 남자는 여전히 미소를 머금은 채로 입을 뗐습니다.

"선생님의 저번 작품은 대단히 훌륭하더군요. 미술을 공부한 아내도 무척 만족스러워하고 있답니다. 저희 부부는 저녁을 마치고는 30분 간 거실에 앉아 선생님의 작품을 감상하곤 한답니다."

중년 남자는 웃으며 말했습니다.
 그러자, 차가운 눈빛의 사내가 갑자기스럽게 집게 손가락을 쭉 펴더니 자신의 입술에 댔습니다.
 "쉿! 선생님 죄송하게 됐습니다. 그 그림은 가짜랍니다. 앞으로 진짜 작품을 만들면 꼭 바꿔드리도록 하겠습니다."
 "예?"
 중년 남자는 갑자기 할 말을 잃었습니다.
 벙거지 모자를 쓴 사내는 소를 즐겨 그렸던 이중섭이란 화가였습니다. 이중섭은 평소 말수가 적고 무척 내성적이었습니다. 이러한 습성은 그가 무엇보다 겉치레를 싫어한 때문이었습니다.
 남들이 아무리 자신의 작품을 칭찬하더라도 스스로가 만족하지 못하면 웃는 법이 없었다고 합니다. 때문에 오랫동안 함께 생활해 보지 않고는 도저히 이중섭의 속마음을 알 수 없었다고 합니다.
 거짓된 것을 너무도 싫어한 나머지 직장을 그만둔 적도 있었습니다.
 이중섭은 잠깐이나마 미술 교사 생활을 한 적이 있었습니다. 그런데 불과 2주 만에 그는 사직서를 내고 말았습니다. 동료 교사들이 대체 이유가 뭐냐고 물었습니다.
 "생각이 나질 않아! 생각이……."
 "아니, 도대체 뭐가 생각이 나지 않는단 말인가?"
 "뭘 가르쳐야 할지 밤새 궁리를 했는데도 생각이 나질 않아. 그러니 그만 둘 밖에……."
 천재 소리를 듣던 그가 뭘 가르쳐야 할지 몰라 교사직을 그

만 두었다는 이 일화는 한 번쯤 음미해 볼 가치가 있습니다.

괴짜 화가 이중섭은 1916년 4월 10일 평안남도 평원군 조운면에서 부농의 아들로 태어났습니다. 손위 형과는 열두 살이나 나이 차가 났으므로 온통 집안의 귀여움을 독차지했습니다.

평양에 위치한 종로 보통 학교를 졸업한 이중섭은 평양 제일의 명문인 평양 고보에 응시했으나 낙방하였고, 결국 평북 정주에 있는 오산 고보에 진학하였습니다.

이중섭이 그림에 눈을 뜬 것은 바로 이 오산 고보에 다닐 때부터였습니다. 입학하자마자 이중섭은 미술부에 들어가 화가의 꿈을 키우기 시작했습니다.

당시 중섭의 형, 중석은 은행을 그만둔 후로 원산에 악기점을 개업하였습니다. 그런데 뜻하지 않게 이 사업이 큰 성공을 거두었습니다. 덕분에 형 중석은 원산의 대지주가 되었습니다. 원래 부농의 아들로 태어난 데다, 형마저 사업에 성공을 거두니 이중섭의 생활도 자연 풍족해졌습니다.

풍족한 재산에 힘입어 이중섭은 오산 고보를 졸업하고 미술에 정진하기 위해 동경 유학의 길에 올랐습니다. 이중섭은 동경 제국 미술 학교에 입학하였습니다.

그러나 일학년을 마친 겨울 방학 때 스케이트를 타다가 다리를 다쳐 1년 간 학교를 쉬어야 했습니다. 그러나 일년 후 그는 동경 제국 미술 학교에 복학하는 걸 포기하였습니다. 대신에 그는 문화 학원 미술학부 서양화과에 신입생으로 입학했습니다.

이중섭은 우리들 주변에서 흔히 볼 수 있는 것들을 즐겨 그

렸습니다. 아이들이 투망으로 잡은 물고기, 날개를 너울거리는 나비, 또는 여름 곤충들이나 소와 닭 같은 것들이 대부분이었습니다.

1945년 일본으로부터 광복을 맞이하자 온 나라의 사람들은 기쁨에 북받쳤습니다. 그러나 해방의 기쁨도 잠시 우리 나라는 두 동강이 나고 말았습니다.

이중섭의 운명에 먹구름이 들이닥친 것은 이 때부터였습니다. 당시 그는 원산에서 생활하고 있었는데 삼팔선 이북은 김일성에 의해 공산화된 지 오래였습니다.

북한 천지가 공산화되자 예술가들은 마냥 비틀거렸습니다. 이중섭의 그림들도 공산당에 의해 반동으로 몰려 혹독하게 비난을 받았습니다.

"이 작자가 정신이 나갔나? 위대한 공산주의 건설을 위해 발벗고 나서야 할 때 이런 괴상한 그림이나 그리고 있다니……."

이중섭의 작품들은 망칙하고 퇴폐적이라는 이유로 비난을 받았습니다.

이중섭은 절망감에 사로잡혔습니다. 비슷한 처지에 놓인 예술가들과 술로 세월을 보냈습니다. 시간이 지나면서 반동으로 몰린 시인, 작가, 화가들은 하나 둘 월남하기 시작했습니다. 그러나 이중섭은 결단을 내리지 못하고 있었습니다.

그러다 1·4 후퇴를 기회로 처자를 거느리고 부산까지 피난하였습니다.

부산행 피난길에 아내는 영양실조에 걸리고 말았습니다. 젖먹이 아이는 자꾸만 젖을 보채지만 먹일 젖이 없었습니다. 추

위 또한 매서워 이중섭의 가족들은 고생이 이만저만이 아니었습니다. 부산에 도착했을 때 수중에는 돈이 한 푼도 남지 않았습니다. 다음 날부터 이중섭은 부두 노동을 하였습니다. 이 시절 이중섭에게 하루하루 끼니 잇기란 하늘의 별따기와 같았습니다.

그런데 이 때 부산 일대에서는 일본인들을 본국으로 귀환시켜 준다는 소문이 나돌았습니다. 이중섭의 부인 마사꼬는 귀가 번쩍 뜨였습니다. 마사꼬의 부모는 일본인이었습니다.

"당신의 예술을 위해서도 그렇고 아이들을 위해서라도 일본으로 건너가요."

오랜 고민 끝에 이중섭은 아내의 제의를 거절했습니다. 돈한 푼 없는데 자신마저 처가에 의지한다는 것은 너무 염치 없는 짓이라는 생각 때문이었습니다.

"먼저 건너가시오. 내 이 곳에서 전시회라도 열어서 돈을 만들겠소. 그래서 전세 돈이라도 만들면 내 곧장 일본으로 건너가리다."

결국 아내와 아이들만 일본으로 건너가고 말았습니다.

하루 벌어 먹기도 힘든 시절 전시회가 될 턱이 없었습니다. 처자식과 생이별한 이중섭에게는 지옥 같은 나날이 계속되었습니다. 이중섭은 바닷가에 나가서 하염없이 일본 쪽을 바라보곤 하였습니다.

외로움과 슬픔을 달래기 위해 이중섭은 닥치는 대로 그림을 그렸습니다. 판자집 골방에 쭈그려 앉아 그렸고, 부두에서 짐을 부리다가도 그렸습니다. 캔버스나 스케치북이 없으니 합판이나 맨종이, 심지어는 담배갑 은박지에다가 그림을 그렸습니

다.

 이 시기에 이중섭은 유화, 수채화, 데생 등 약 2백 점을 그렸고, 은지화 약 3백 점을 남겼습니다. 이 시기의 작품 대부분이 현대 한국 미술사를 장식한 걸작들이었습니다.

 1953년 1월 이중섭은 친구의 도움으로 선원증을 얻게 되었습니다. 꿈에도 그리던 아내를 만날 수 있게 된 것입니다. 이 해후는 2주 동안 지속되다 끝이 나고 말았습니다. 뜻하지 않은 일이 발생했기 때문입니다.

 이중섭의 장모가 한국인에게 50만 엔의 돈을 사기 당했던 것입니다.

 '우리 동포가 장모를 속였으니 그 돈은 내가 갚아야 한다.'

 이중섭은 엉뚱하게도 그렇게 생각했던 것입니다. 그리고는 50만 엔의 돈을 벌어오겠다며 고국으로 돌아갔습니다. 아내는 극구 반대하였지만 그의 고집을 꺾을 수가 없었습니다.

 그러나 50만 엔이란 큰 돈을 마련하기엔 이중섭은 너무나 착하고 여렸습니다. 결국 여러 번 사기를 당하고 절망감에 사로잡혔습니다. 배신과 절망은 그를 병으로까지 몰고 갔습니다.

 마침내 1955년 9월 6일, 이중섭은 적십자 병원에서 숨을 거두고 말았습니다.

 어쩌면 이중섭의 삶은 천성적으로 거짓을 싫어하는 예술가가 택할 수밖에 없었던 운명이었습니다.

어린이 사랑 마해송

어린이를 지극히 사랑했던 마해송은 평생 동화를 썼습니다. 그는 동화를 쓰면서 항상 해맑은 어린이처럼 깨끗한 마음으로 살고자 노력했습니다.

'웃는 얼굴로 살자. 남을 아끼고, 즐겁게 해 주고, 도와줄 수 있는 사람이 되자.'

이것은 그가 일생 동안 가슴속에 고이 간직했던 좌우명이었습니다. 삶을 다할 때까지 마해송은 여덟 권의 동화책 속에다 어린이 사랑하는 마음을 듬뿍 담았습니다.

1905년 1월 8일, 마해송은 개성에서 태어났습니다. 해송은 글을 쓰게 되면서 지어진 이름이고 어렸을 적의 이름은 창록이었습니다.

그가 태어난 개성 지방 사람들은 벼슬길에 오른 사람을 대단하게 여기지 않았습니다. 벼슬아치를 가볍게 보는 그 곳 사람들은 벼슬 하지 않는 것을 가문의 전통으로까지 여겼습니다.

"해송아, 벼슬이 문제가 아니다. 얼마나 올바르게 사느냐,

깨끗하고 의롭게 사느냐가 더 중요하다는 것을 명심하거라!"

자식들의 교육에 엄격했던 해송의 아버지는 귀가 닳도록 그에게 가문의 전통에 대해서 말했습니다. 또한 자신보다 민족과 나라를 위해 살아야 한다고 가르쳤습니다.

이러한 가정 환경에서 자라난 해송은 조국을 사랑하는 마음과 어떠한 시련에도 굽히지 않는 의지를 키워갔습니다.

1910년 일제와 을사조약을 맺은 우리 나라는 외교권과 주권을 빼앗기고 말았습니다. 이 사실이 알려지자 백성들은 분통을 터뜨렸습니다. 나라 사랑하는 마음이 남달랐던 마해송은 학교를 다니면서 끊임없이 학생 독립 운동을 벌였습니다.

마해송은 개성에서 제 1공립 보통 학교를 거쳐 공립 간이 상업 학교를 졸업했습니다. 이 후 서울의 경성 중앙 학교를 다녔던 그는 학생들을 이끌고 독립 운동을 펼치다가 학교에서 정학을 당하였습니다. 조선 독립을 외치며 학생 운동을 하는 그를 일본인들이 그냥 둘 리 없었습니다. 정학을 당한 그는 경성 중앙 학교를 중퇴하고 말았습니다.

1920년 마해송은 서울의 보성 고등 보통 학교에 진학하였습니다. 이 때도 우리 나라 학생들과 일본인 교사의 수업을 거부하는 운동을 펼치다가 퇴학 당하였습니다. 누구보다도 일본의 탄압을 몸소 겪은 마해송은 나라 잃은 설움을 뼈져리게 느껴야 했습니다.

이 무렵부터 마해송은 글을 쓰기 시작하였습니다.

그는 문예 잡지 〈여광〉의 동인이 되었고, 이듬해 일본으로 건너가 일본 대학 예술과에 다니면서 '일본 유학생 동우회'라는 극단의 한 사람이 되어 국내 각지를 돌아다니며 공연을 하

였습니다. 1922년에는 문학 모임 '녹파회'를 조직함으로써 본격적으로 문학 활동을 시작하였습니다.

그 해 여름, 마해송은 부친의 부름에 따라 고국으로 돌아왔습니다. 그 후 고향집에서 3년 동안 지내게 된 그는 동화 창작에 힘을 쏟았습니다. 바로 이 기간에 우리 나라 최초의 창작 동화〈바위나리와 아기별〉이 탄생하였습니다.

〈바위나리와 아기별〉은 마해송이 3년 동안 고향집에서 기거할 때 지어졌고, 1923년〈샛별〉이라는 잡지에 실렸습니다. 훗날 이 동화는 마해송이 자신의 대표작으로 손꼽았던 작품입니다. 이리하여 마해송은 동화 작가로 일생을 시작하게 되었습니다.

1924년 일본으로 건너간 그는〈색동회〉에 가입하여 어린이를 위한 문화 활동을 하면서 수많은 동화를 지었습니다.

출판사의 여러 가지 일에도 뛰어난 재능을 보인 그는 일본의 '문예춘추사'라는 잡지사에 들어가 편집장 및 선전부장을 지냈습니다. 1930년 모던니폰 사의 사장이 되어 일본 문화계를 주름잡았을 때, 그는 '조선 예술상'을 마련하여 고국의 문인들을 돕기도 했습니다.

우리 나라에 돌아와서는 어린이를 위한 마음이 나라를 위하는 마음이라고 여기며 이를 실천하기 시작했습니다. 1957년에 '대한 민국 어린이 헌장'을 만들었고 또한 '어린이 헌장비'를 세우기도 했습니다.

-끝-

초판 1쇄 인쇄 2010년 3월 10일
초판 4쇄 발행 2010년 7월 5일

엮 은 이 위인전 편찬위원회
발 행 인 김범수
발 행 처 자유토론
주   소 서울시 양천구 목2동 504-17 신구빌딩 2층
전   화 070-7641-9515
전   송 02-732-3474
E-mail fibook@naver.com
출판등록 제 314-2009-000001
   ISBN 978-89-93622-30-0 73990

값 8,500원

잘못된 책은 구입하신 서점에서 교환해 드립니다.
저자와의 협의에 의해 인지는 생략합니다.